公司治理·内部控制前沿译丛

The Committee of Sponsoring Organizations of the Treadway Commission

(美) COSO 制定发布　　张宜霞　译

企业风险管理

——应用技术

Enterprise Risk Management

— Application Techniques

引领全球内部控制与风险管理发展方向

获COSO官方授权和认可的
国际简体中文
翻译版本

东北财经大学出版社
Dongbei University of Finance & Economics Press

图书在版编目（CIP）数据

企业风险管理——应用技术／美国 COSO 制定、发布；张宜霞译．—大连：东北财经大学出版社，2006.6（2009.12 重印）
（公司治理·内部控制前沿译丛）
书名原文：Enterprise Risk Management—Integrated Framework Application Techniques
ISBN 978-7-81084-447-5

Ⅰ．企… Ⅱ．①美… ②张… Ⅲ．企业管理：风险管理 Ⅳ．F272.3

中国版本图书馆 CIP 数据核字（2006）第 030208 号

辽宁省版权局著作权合同登记号：图字 06-2005-143 号

东北财经大学出版社出版
（大连市黑石礁尖山街 217 号 邮政编码 116025）
总 编 室：（0411）84710523
营 销 部：（0411）84710711
网 址：http://www.dufep.cn
读者信箱：dufep@dufe.edu.cn
大连图腾彩色印刷有限公司印刷 东北财经大学出版社发行

幅面尺寸：170mm×240mm 字数：106 千字 印张：8 3/4 插页：1
2006 年 6 月第 1 版 2009 年 12 月第 3 次印刷

责任编辑：李智慧 李 季 责任校对：刘咏宁
封面设计：冀贵收 版式设计：钟福建

ISBN 978-7-81084-447-5
定价：20.00 元

制定发布机构简介

COSO是Treadway委员会（Treadway Commission，即反欺诈财务报告全国委员会（National Commission on Fraudulent Financial Reporting），通常根据其首任主席的姓名而称为Treadway委员会）的发起组织委员会（Committee of Sponsoring Organizations）的简称。Treadway委员会由美国注册会计师协会（AICPA）、美国会计学会（AAA）、国际财务经理协会（FEI）、内部审计师协会（IIA）和管理会计师协会（IMA）等5个组织于1985年发起成立。1987年，Treadway委员会发布一份报告，建议其发起组织共同协作，整合各种内部控制的概念和定义。1992年，COSO发布了著名的《内部控制——整合框架》（1994年作出局部修订），成为内部控制领域最为权威的文献之一。2003年7月，COSO发布了《企业风险管理——整合框架（征求意见稿）》，经过一年多的意见反馈、研究和修改，2004年9月发布了最终的文本。本书就是按照2004年9月正式发布的文本进行翻译的。

译者简介

张宜霞，博士，厦门大学博士后，浙江工商大学财务与会计学院副教授，公司治理与风险管理研究所所长，中国会计学会财务成本分会理事。主要从事内部控制与风险管理、独立审计理论和会计监管领域的研究。曾在《会计研究》等专业期刊发表论文20余篇，公开出版《内部控制——基于企业本质的研究》、《水利基本建设审计》、《内部控制国际比较》等专著、译著4部，参编、参著5部。先后参与和主持完成国家自然科学基金、国家社科基金、中国会计学会、水利部、辽宁省社科基金、教育厅等课题18项，先后获得中国会计学会、辽宁省、大连市等各级别奖励16项。2006年3月入选“全国会计学术带头人后备人才”。

中文版前言

在内部控制和风险管理的演进过程中，COSO（反欺诈财务报告委员会发起组织委员会）的突出贡献是举世公认的。它在1992年发布并于1994年做出局部修改的《内部控制——整合框架》，已经成为世界通行的内部控制权威文献，被国际和各国审计准则制定机构、银行监管机构和其他方面采纳，2004年更被指定为上市公司内部控制审计的参照标准。

2003年7月，COSO发布了《企业风险管理框架》的征求意见稿，引起了广泛的关注，我国也有一些学者撰文介绍了相关情况。诚然，企业风险管理框架并没有立即取代内部控制整合框架，但是它涵盖和拓展了后者。因此，对新的框架进行深入研究和探讨，具有十分重要的价值。2004年9月，《企业风险管理——整合框架》的最终文本正式发布后，由于著作权保护和其他方面的原因，在国内很难获得最终定稿的版本。而许多学者继续按照征求意见稿来进行转述、介绍和研究，已经显得不合时宜了。为此，我们通过积极联络和多方努力，最终获得了正式授权，得以将这份重要的文献翻译成中文并在国内公开出版。

长期以来，尤其是在2001年前后，一系列令人瞩目的公司财务丑闻爆发之后，关于内部控制的研究和立法行动深受社会各界的重视和关注，我国也不例外。我国的有关部门在几年前就已经开始了制定企业内部会计控制规范的积极尝试。目前，关于研究和制定企业内部控制指引的呼吁也日益强烈。在这种背景下，认真研究和参考包括企业风险管理整合框架在内的相关国际权威文献，无疑具有十分突出的理论价值和现实意义。

由方红星教授和王宏博士翻译的《企业风险管理——整合框架》（中文简称《框架》）是上卷，即内容提要和基本框架部分。本书是下卷，即应用技术部分。尽管在下卷中一再声明其不是《框架》卷的组成部分，里面例示的技术也不一定要应用，也不代表最佳实践，但是，毋庸置疑，其中例示的技术依然为有效地实施企业风险管理提供了非常有价值的借鉴和指导。书稿的翻译和校对工作由张宜霞博士完成。十分感谢美国内部审计师协会的 Lucy Sheets 在授权过程中的大力协助，以及东北财经大学出版社各位编辑对书稿的仔细阅读。在翻译过程中，得到了东北财经大学刘明辉教授、方红星教授的大力支持和帮助，在此谨致谢忱！

由于翻译下卷——应用技术部分不但涉及上卷的框架部分，而且还涉及很多领域的技术名词和专业术语，加之时间紧迫和译者水平有限，书中错误和疏漏在所难免，恳请业内专家和广大读者不吝指正（接受批评和建议的电子信箱为 yixiazhang@163.com）。

译　者

Treadway **委员会发起组织委员会**（Committee of Sponsoring Organizations of the Treadway Commission，COSO）

监督者	代表
COSO 主席	John J. Flaherty
美国会计学会（American Accounting Association，AAA）	Larry E. Rittenberg
美国注册会计师协会（American Institute of Certified Public Accountants，AICPA）	Alan W. Anderson
国际财务经理协会（Financial Executives International，FEI）	John P. Jessup Nicholas S. Cyprus
管理会计师协会（Institute of Management Accountants，IMA）	Frank C. Minter Dennis L. Neider
内部审计师协会（The Institute of Internal Auditors，IIA）	William G. Bishop，Ⅲ David A. Richards

---

COSO 项目咨询委员会

指导者

Tony Maki, Chair
合伙人，Moss Adams 有限责任合伙公司

James W. DeLoach
执行总裁，Protiviti 有限公司

John P. Jessup
副总裁兼司库，杜邦（E.I. duPont de Nemours）公司

Mark S. Beasley
教授，北卡罗莱纳州立大学（North Carolina State University）

Andrew J. Jackson
企业风险保证服务高级副总裁，美国运通（American Express）公司

Tony M. Knapp
高级副总裁兼主计长，摩托罗拉（Motorola）公司

Jerry W. DeFoor
副总裁兼主计长，Protective Life 公司

Steven E. Jameson
执行副总裁，首席内部审计与风险官，Community Trust Bancorp 有限公司

Douglas F. Prawitt
教授，杨伯翰大学（Brigham Young University）

普华永道有限责任合伙公司（PricewaterhouseCoopers LLP）

作　者

主要撰稿人

Richard M. Steinberg
前合伙人兼公司治理业务负责人（现 Steinberg 治理顾问）

Miles E. A. Everson
纽约分部合伙人兼金融服务业财务、经营、风险与合规业务负责人

Frank J. Martens
加拿大温哥华分部客户服务部高级经理

Lucy E. Nottingham
波士顿分部国内企业服务部经理

目　录

1 导论

本文献的应用

《企业风险管理——应用技术》提供了应用企业风险管理原则的过程中组织的不同层面所用技术的实例。这一卷的结构与《框架》卷是相似的。为了提供更多的衔接，《框架》卷的一些段落也以斜体的形式包含在本卷中。那些段落也为例示的技术提供了一个基础。为了能够从本卷中获得预期的收益，使用者应当熟悉《框架》卷的内容。

尽管人们希望这个资料将会有益于那些试图应用企业风险管理技术的人，但它不是《框架》卷的一个组成部分。在这里介绍它决不意味着需要用例示的技术来实施企业风险管理或者在确定企业风险管理是否有效的过程中必须应用它们，也丝毫不表明这些说明或例示的技术是首选的方法或代表“最佳实践”。

没有试图使本卷例示的技术完整，而且它们也是不完整的。专栏和附带的讨论只涉及在《框架》卷出现的和在本卷专栏1—1中描述的某些要素。这些技术中的一部分可适用于规模较小、不复杂的组织，而其他技术则与大型的复杂主体更相关。根据主体的规模、多样性和行业特色，对应用企业风险管理的技术进行更加全面的介绍超出了本项目的范围。随着时间的推移，我们相信，当职业组织、行业团体、学者、监管者和其他人日益积累起能够帮助其支持者的素材，更多的指引将会发展起来。

建议那些思考企业风险管理应用技术的读者也要参考《内部控制——整合框架》的《评价工具》卷以获得更多的指导。它介绍了评价一个主体的内部控制系统所要用到的工具，包括一套空白工具、根据一家假定公司填写完毕的工具和一本参考手册。

企业风险管理的主要要素

为提供现有的背景，专栏1—1列示了每一企业风险管理构成要素的主要要素。

专栏1—1　每一构成要素的主要要素

内部环境

风险管理理念—风险容量—董事会—诚信和道德价值观—对胜任能力的要求—组织结构—权力和职责的分配—人力资源准则

目标设定

战略目标—相关目标—选定的目标—风险容量—风险容限

事项识别

事项—影响因素—事项识别技术—事项相互依赖性—事项类别—区分风险和机会

风险评估

固有风险和剩余风险—估计可能性和影响—数据来源—评估技术—事项之间的关系

风险应对

评价可能的应对措施—选定的应对—组合观

控制活动
与风险应对相结合—控制活动的类型—
政策和程序—对信息系统的控制—主体的特殊性

信息与沟通
信息—沟通

监控
持续监控活动—专门评价—报告缺陷

一个实施过程

如前所述，本卷举例说明了应用企业风险管理框架的具体要素要用到的多种技术。一个更高层的、"第一位的"问题涉及管理层在最初考虑如何在组织内实施这个框架时所采取的方法。

主体的规模、复杂性、所处行业、文化、管理风格和其他特性将会对如何最有效果、最有效率地实施这个框架的概念和原则产生影响。因为有许多可用的方法和选择，即使是相似的组织在实施企业风险管理时也是不同的——无论是首次应用这个框架的概念和原则，还是判断它们现有的企业风险管理程序（它可能是长期发展起来的）是否真的有效。然而，经验表明存在某些共性。下面简略地描述了那些已经成功地完成企业风险管理实施的管理层所采用的常见的、应用广泛的步骤：

• 核心小组准备——成立一个由来自业务单元和主要支持职能（key support functions）（包括战略规划）的代表组成的核心小组是重要的第一步。这个小组要非常熟悉这个框架的组成部分、概念和原则。这种熟悉为设计和实施有效处理主体独特需要的企业风险管理过程提供了一种共同的理解和语言以及基本依据。

• 执行官倡议——虽然执行官倡议的时机和形式因组织而异，但执行官倡议及早开始并随着实施的进行得以巩固却很重要。为了有关的投资资源，执行官领导阶层要清楚地说明企业风险管理的好处，并为相关的资源投资制定和传达业务案例。CEO支持，以及通常至少是初始直接和明显的参与会促进成功。

• 制定实施计划——初始计划是为接下来的步骤制定的，它设定了主要的计划阶段，包括已定义的工作流、主要管理点（milestone）、资源和时机。确定了职责，从而一个项目管理系统就运行起来了。这个计划充当了与小组领导层一贯地进行沟通和协调的手段，还充当了沟通和确定不同单元和职员期望的基础以及讨论通过采用企业风险管理预计到的主体层面变化的依据。

• 当前状态评估——这包括评估当前在主体内正如何应用企业风险管理的构成要素、概念和原则。这通常涉及确定组织内已经发展了何种风险管理理念，并确定对主体的风险容量是否存在一致的理解。核心小组要确定组织应用该框架原则和概念的现有能力，也要确定当前在用的正式和非正式的政策、程序、惯例和技术。

• 企业风险管理愿景——核心小组制定一个愿景，它陈述了企业风险管理将会如何继续应用企业风险管理以及如何在组织内整合以实现其目标——包括组织如何将其企业风险管理的努力集中在协调风险容量与战略、增进风险应对决策、识别和管理贯穿于企业的风险、抓住机会和改善资本配置上。

• 能力发展——当前状态评估和企业风险管理愿景不但为需要发展的新能力提供了洞察力（insight），而且为确定人员、技术和已经存在并发挥作用的过程能力提供了所需要的洞察力。这包括确定职能和责任，改进组织模式、政策、过程、方法、工具、技术（techniques）、信息流和工艺（technologies）。

• 实施计划——初步计划得到了更新和增强，增大了深度和广度以涵盖更多的评价、设计和配置。规定了更多的责任，而且项目管理系统也精炼为必需的内容。该计划通常包括一般项目管理规范，它是任何实施过程的一个组成部分。

• 改变管理发展和配置——制定必要的行动来实施和维持企业风险管理愿景和要求的能力——包括配置计划、培训会议、报酬强化机制以及对实施过程其余部分的监控。

• 监控——管理层要不断地审查和加强风险管理能力，作为其持续管理过程的一部分。

下面的章节举例说明了一些应用企业风险管理框架每一构成要素的概念和原则的具体技术。

2 内部环境

框架章摘要

内部环境包含组织的基调，它影响组织中人员的风险意识，是企业风险管理所有其他构成要素的基础，为其他要素提供约束和结构。内部环境因素包括主体的风险管理理念、它的风险容量、董事会的监督，主体中人员的诚信、道德价值观和胜任能力，以及管理层分配权力和职责、组织和开发其员工的方式。

这一章应用技术简要描述了内部环境要素对主体的成功或失败所能具有的影响，并举例说明了风险管理理念的陈述、评价风险管理理念与主体文化整合程度的技术及提高诚信和道德文化的工具。

影响

一个组织的内部环境对企业风险管理如何持续地被实施和发挥作用具有重大影响。内部环境是应用企业风险管理其他构成要素的环境，它通常具有强大的正面或负面影响。专栏 2—1 是具有负面影响的例子。

专栏 2—1 内部环境的影响

内部环境的影响可以通过哥伦比亚事故调查委员会报告的调查结果来说明。这个委员会由国家航空航天局（NASA）组建，负责调查哥伦比亚航天飞机发生事故的原因。在这次事故中，航天飞机在重返大气层的途中爆炸分解。该报告陈述："哥伦比亚事故在组织方面的原因来源于航天飞机计划的历史和文化……对安全有害的文化特性和组织行为被允许发展，它们包括：依赖于用过去的成功代替可靠的工程实践（如为了了解系统为何没有按要求运行而进行的测试）、阻碍关键安全信息的有效沟通和压制意见专业差异的组织障碍、缺少贯穿所有计划要素的整合管理以及运行在组织规则之外的非正式命令和决策过程链的形成。"

风险管理理念

一个主体的风险管理理念是一整套共同的信念和态度，它决定着该主体在做任何事情——从战略制订和执行到日常的活动——时如何考虑风险……企业的风险管理理念实质上反映在管理层在经营该主体的过程中所做的每一件事情上。它可以从政策表述、口头和书面的沟通以及决策中反映出来。无论管理层是强调书面的政策、行为准则、业绩指标和例外报告，还是更为非正式地大量通过与关键的管理者面对面的接触来进行经营，至关重要的是管理层不仅要通过口头，而且还要通过日常的行动来强化这种理念。

有些公司的管理层用书面的形式清楚地表述他们风险管理理念的要素。专栏2—2和2—3是风险管理理念的实例。

专栏2—2　描述风险管理理念的说明性陈述

在全球发展和文化扩张中，我们的组织需要一家公司风险管理的综合方法来促进广泛的战略思考和分析，同时，从根本上整合组织的核心价值和信念。为了这个目标，我们力争使风险管理变成我们的竞争优势。

我们风险管理程序的起点是一个企业风险战略，它要考虑与我们有关的所有人的需求和愿望。通过促进信息流动和强化贯穿组织的沟通，风险管理程序提供了一个连续的循环风险信息模型。这个模型提供了与股东需求和持续改善我们企业风险战略的愿望相关的信息。

为了确保实现我们的战略，我们的风险管理程序要为我们的人员提供工具和能力来排除在力争超过期望时产生的障碍。通过认识到风险和控制是每个人的事情，我们的员工将会以一种更有效和更节省成本的方式主动地识别在向市场交付产品和服务的过程中存在的风险。我们的风险管理程序允许我们的员工从不同角度看问题，不仅识别风险抑减活动，还要预测潜在的机会并对其采取行动——从而，挑战常规的智慧以创造更好的解决办法。

我们组织的一个基本原则是对我们的职工、客户和股东要尊重和保持诚信。通过把风险管理加入到我们日常的业务活动中以及通过实施有关的绩效措施，风险管理程序确保我们通过实行我们的核心价值观来保持我们最高的道德标准。

专栏2—3 描述风险管理理念的说明性陈述

企业风险管理将为我们的组织提供识别、评估和管理全部范围的风险的高级能力，并使所有层级的员工能更好地了解和管理风险。这将为我们提供：

- 合理的承受风险
- 对执行官和董事会的支持
- 改良的结果
- 增强的责任
- 增强的受托责任（stewardship）

希望全体员工在制定战略和追逐目标的过程中表现出适当的行为准则。这个理念被下面的指导原则所支持。管理层和全体员工应该：

- 在做出决策时考虑所有形式的风险。
- 建立和评价业务单元层次和公司层次的风险概况，以便考虑对他们单个的业务单元和部门来说什么是最好的，对公司整体来说什么是最好的。
- 支持执行经理建立一个公司层次的风险组合观。

- 在业务单元或影响层次的其他点保持对风险和风险管理的所有权和责任。风险管理不是把责任委托给其他人。
- 在企业风险管理中努力实现最好的实践。
- 监控对政策和程序的遵循情况以及企业风险管理的状况。
- 提高（lever）现存的风险管理实践，无论它们存在于公司的什么地方。
- 记录和报告所有重大的风险和企业风险管理缺陷。
- 承认企业风险管理是强制的而不是随意的。

为了了解风险管理理念与主体文化的整合情况,一些公司实施了一个风险相关文化的调查,它计量了关键风险相关特性的存在和强度。在这些调查中有代表性地提出的一些特性,如专栏2—4所示。

专栏2—4　在风险相关文化的调查中计量的特性

1. 领导能力和战略
   - 展示道德和价值观
   - 沟通使命和目标
2. 人员和沟通
   - 对胜任能力的要求
   - 共享信息和知识
3. 责任和强化
   - 组织结构
   - 业绩计量和报酬
4. 风险管理和基础设施
   - 评估和计量风险
   - 系统接近和安全

一些公司根据期望的时机和置信水平，定期（如每年一次）调查所有员工，以及更频繁地调查员工的一个代表性样本。公司每季展开这些调查，目的是更好地了解该组织有规律的波动和变化趋势，这一点在变化的时期特别有益。这样一些调查的结果为组织文化中的优势区域和弱势区域提供了方向性指标。专栏2—5部分地例示了如何列示和解释一个风险有关文化调查问题的结果。这些结果有助于主体识别那些为了确保一个有效的内部环境而需要加强的特性。

专栏2—5　例示的风险相关文化调查

编号	问题	特性	平均等级		标准偏差	数量	坚决不同意	不同意	中立	同意	坚决同意
1	我单位的领导为道德行为树立了积极的榜样	领导能力和战略	1.42	强	0.71	186	1	3	9	77	96
2	我理解主体的总体使命和战略	领导能力和战略	1.05	好	0.69	186	0	7	18	119	42
3	采取惩戒措施以防备那些从事职业不正当行为的人	责任和强化	0.21	需要采取措施	1.20	175	11	55	18	68	23
4	人员流动还没有严重地影响我们实现目标的能力	人员和沟通	0.81	警告	0.88	145	4	3	39	69	30
5	我业务单元的领导善于接受所有有关风险的沟通（包括坏消息）	风险管理和组织的基础	0.99	好	0.85	183	2	13	16	106	46

在上面的例子里，每个问题都是用从 -2 到 +2 的数值范围进行分级，如下所示：-2 表示坚决不同意；-1 表示不同意；0 表示中立；+1 表示同意；+2 表示坚决同意。评估（用强、好、警告等来表示）是建立在平均等级的基础之上的。更多的信息通过标准偏差来提供，它度量了回答者就某一问题达成一致的程度——标准偏差越小，表示回答者对这个问题的一致程度越高；标准偏差越大，则一致程度越低。

诚信与道德价值观

企业风险管理的有效性不可能脱离那些创造、管理和监督主体活动的人的诚信和道德价值观。

诚信和对道德价值观的承诺从个人开始。价值判断、态度和风格是建立在个人的经验基础之上的。没有什么地方比 CEO 和高级管理团队的诚信和道德价值观更重要，它们设定了“高层的基调”并对主体其他员工如何约束自己的行为产生影响。“正确”的高层基调有助于：

- 组织的人员做的事在法律和道德上都是正确的；
- 建立一个支持合规的文化，它致力于企业风险管理；
- 通过没有具体的遵循规则或指导方针存在的“灰色”区域；
- 促进在达到不能回头的地步之前寻求帮助和报告问题的意愿。

许多组织支持一种带有沟通的诚信和道德价值观文化，如信条或核心价值声明，它阐明了组织的价值观和优先考虑的事项以及行为规范。行为规范为组织的使命或愿景和它的经营政策和程序提供了联系。行为规范不是一个详尽的行为指南，也不是一个详细概述关键组织协议的法律文件，而是一个对组织在道德和合规问题方面定位的前摄说明。对组织有关员工和组织行为的政策来说，行为规范也能充当一个“容易使用的”指南。

在一个行为规范里经常涉及的主题如专栏 2—6 所示。这个结构来源于“公开遵循与道德小组（Open Compliance and Ethics Group）”为整合的遵循与道德计划（Integrated Compliance and Ethics Program）即将发布的基本指导方针。

专栏2—6　例示的行为规范结构

规范部分	条款部分
1. 来自首席执行官的信	• 把高管理层有关诚信和道德重要性的信息呈现给组织 • 提出行为规范：它的目的和使用方法
2. 目标和理念	• 考虑主体的： ——文化 ——业务和行业 ——国内和国际地理位置 ——对领导能力符合道德标准的要求
3. 利益冲突	• 处理利益冲突和各种假公济私的行为（self－dealing） • 责备（speak to）致使主体的诚信和声誉受到指责的员工、其他公司代理商以及那些活动、投资或利益
4. 赠品和小费	• 处理给予赠品和小费的行为，制定主体的政策，通常要适当地超过当地法律 • 对赠品和招待以及它们的适当报告设定标准并提供指导
5. 透明度	• 包括各种规定，这些规定用来应对组织对完整的可理解的社会、环境和经济报告的承诺
6. 公司资源	• 包括与公司资源（包括智力资产和所有权信息——这些资产属于谁以及如何对它们进行保护）有关的规定
7. 社会责任	• 包括主体作为公司个体所承担的角色（包括它对人权、环境可持续性、社区参与以及环境和经济问题的承诺）
8. 另外的一些与行为有关的主题	• 包括各种规定，涉及对公司活动特定区域内设立的政策的遵守，例如： ——雇用问题，如公平的劳动惯例和反对歧视 ——政府行为，如契约订立、游说和政治活动 ——反托拉斯和其他竞争性惯例 ——诚信和公平地与客户、竞争者或供应商打交道 ——信息保密和信息安全 ——环境惯例 ——产品安全或产品质量

专栏2—7概括地介绍了一家专业服务公司的行为规范。

专栏2—7 行为规范的例示性概述

我们的价值观

- 最好的解决方法来自与同事和客户的合作。
- 有效的协作需要关系（relationships）、尊重（respect）和共享（sharing）。
- 交付我们所许诺的产品和增加超出预期的价值。
- 我们通过创新、学习和敏捷实现卓越。
- 以顾客为上帝、以人为本和有创见的领导（thought leadership）。
- 领导需要有勇气、远见和诚信。

强调［公司］名义

- 我们的客户和同事的信任［公司名称］是基于我们的专业胜任能力和诚信——支持我们声誉的质量。我们要维护这种声誉。
- 我们努力仅向那些我们有能力为其服务、重视我们的服务并符合适当的合法和诚信标准的客户提供服务。
- 当在一个会议上演讲时，听众会合理地预期我们是作为［公司名称］的代表在讲话，一般来说，我们表达的只能是［公司名称］的观点而不是我们自己的观点。
- 我们以一种既负责又适合于业务的方式，并且仅仅为了合法和获得授权的目的使用属于［公司名称］和我们客户的所有资产，包括有形的、智力的和电子的资产。

行为专业化

- 我们按照［公司名称］的政策和有关技术和专业标准提供专业服务。

- 我们只能提供我们能够交付的服务并努力交付不低于我们所承诺的服务。
- 我们积极地竞争，只从事既合法又合乎道德规范的业务。
- 我们履行我们的约定义务，并公正地对我们的服务进行报告和收取费用。
- 我们尊重我们的客户、员工以及与我们有业务往来的其他人的机密和隐私。除非被授权，我们不会为了个人的用途、[公司名称]的利益或第三方的利益而使用机密信息。我们仅在必要时和获得这样做的适当批准时，和/或因为法律、监管或职业要求强迫我们这样做时，才会透露机密信息或个人资料。
- 我们的目的是避免利益冲突。在识别出潜在冲突，而且我们相信各方的利益能够通过实施适当的程序得以正确维护的地方，我们将会实施这样的程序。
- 我们珍惜我们的思想独立。我们通过遵守我们的监管准则和职业准则——设计这些准则是为了使我们能够在工作中达到必要的客观性——来保护我们的客户和其他利益相关者的信任。在这样做的过程中，我们要努力确保我们的独立性不会受到损害或感到受到损害。我们要处理那些损害或看似能损害我们的客观性的情况。
- 当面临困难的或置[公司名称]于风险中的问题时，在采取措施之前我们要向[公司名称]适当的个人进行咨询。我们遵循切实可行的技术咨询要求和管理咨询要求。
- 对我们来说接收或支付贿赂是不可接受的。

尊重其他人

- 我们带着尊敬、尊严、公正和礼貌来对待我们的同事、客户和与我们有业务往来的其他人。

- 我们以我们员工的多样性而自豪，并把它视为一个竞争优势来培育和拓展。
- 我们有责任维持一个没有歧视或骚扰的工作环境。
- 我们努力使工作和私人生活保持平衡并帮助其他人这样做。
- 我们投入时间和精力持续地提高我们的技能和能力。
- 我们给我们的员工提供一个安全的工作环境。

公司的社会责任

- 我们明确支持基本的人权，并避免参与侵犯人权的业务活动。
- 我们以对社会负责的方式,在我们有经营活动的国家的法律、习俗和传统范围内行动,并以负责任的方式为社会发展做出贡献。
- 我们追求以一种将我们的业务经营产生的对环境有害影响减到最小的方式开展活动。
- 我们鼓励支持慈善、教育和社区服务活动。
- 我们有责任支持国际社会和地方为消除腐败和金融犯罪而做出的努力。

为了监控职员的行动对已设立标准的遵循程度，一些公司定期使用员工焦点小组（staff focus groups）。这种反馈，通常应用技术方法，被用来“确认”核心价值观。技术方法也可以用于使信息分享和更新以及追踪员工对行为规范和相关政策、标准和程序的遵循情况成为可能。专栏 2—8 例示了主体如何使用技术方法来培育期望的文化。

专栏 2—8　支持一种诚信和道德文化的技术

- 一个从组织的因特网（或局域网）主页到价值观声明和行为规范的直接链接，以便于它们的使用并传递有关其重要性的信息。

- 可以以电子文本的方式获得规范和相关信息，提供接触的便利性，消除纸面复印的需要。
- 确认全体职员收到了信息。
- 集中培训和电子化学习（e-learning）。
- 在完成工作的过程中自动参考使用的规范和指南。
- 对员工必要行为的自动提醒。
- 如果没有及时采取措施，通知职员的直接主管和更高级主管。
- 获取遵循证明的方法。
- 各项活动的审计痕迹。

3 目标设定

框架章摘要

设定战略层次的目标，为经营、报告和合规目标奠定了基础。每一个主体都面临来自外部和内部的一系列风险，确定目标是有效的事项识别、风险评估和风险应对的前提。目标与主体的风险容量相协调，后者决定了主体的风险容限水平。

本章例示了如何把一个主体的使命与战略和相关目标联系起来，并如何协调战略和相关目标以及风险容量和风险容限的描述。

战略目标

在考虑实现战略目标的备选方式时，管理层要识别与一系列战略选择相关联的风险，并考虑它们的影响。下文和后续章节讨论的各种事项识别和风险评估技术，可以应用到战略制订过程中。

专栏 3—1 例示了应用风险评估技术制订战略目标。

专栏 3—1　制定战略目标

一家正在考虑提高客户服务各种选择方案的社区银行确定了三种战略：

- 选择 A——把它的分支机构网络扩展到与其目标人口统计状况相匹配的新领域
- 选择 B——把分支机构网络的规模缩小到目前规模的 50%，并大大提高其因特网和呼叫中心的能力
- 选择 C——保持分支机构网络，把现有的因特网和呼叫中心业务外包给外国一家较低成本的公司

如果考虑银行的使命（它包括服务于其经营所在的社区），在假设会导致失业的情况下，选择 C 看起来与银行的使命不一致。因此，管理层要集中关注选择 A 和 B。

应用情景分析、模拟和压力测试（在风险评估那一章讨论），管理层结合其对所配置资本的收益的影响比较了每个

选择的结果。在假定它们的信贷和经营风险概况不同的情况下，管理层确定了潜在收益结果的分布，并确定出在两种情景下所用资本的潜在收益，虽然它们具有相似的中值结果，但却有明显不同的分布，如下所示：

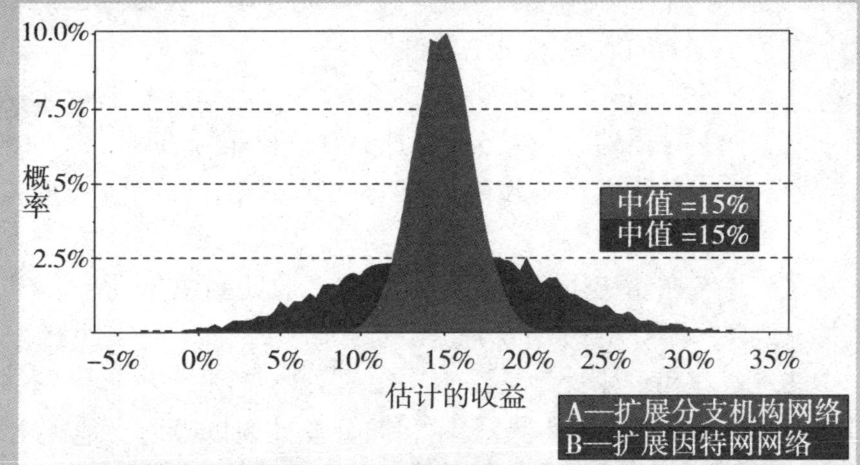

在此分析的基础上，管理层采纳选择 A，决定先行选择 B 潜在的上边，而避免其潜在的下边。

相关目标

主体层次的目标与更多的具体目标相关联和整合，这些具体目标贯穿于整个组织，细化为针对诸如销售、生产和工程设计等各项活动和基础职能机构所确立的次级目标。

专栏 3—2 例示了一家公司的使命与它的战略目标、战略和相关目标之间的联系。

专栏3—2 使命/愿景与战略和相关目标的联系

使命	• 提供高质量、便捷和负担得起的社区卫生保健服务
战略目标	• 在中等规模城市的市场里成为第一大或第二大、全面服务的卫生保健服务提供者 • 我们核心医疗服务的质量列入前25%（top quartile） • 在当地市场被公认为质量/价格领导者
↓ 战略	• 在我们当前没有进入的目标市场中，要与卓越的医院结盟 • 在切实可行的目标市场里，收购高质量的、表现不佳的医疗服务提供者，否则，考虑较小的修补和重建计划 • 开发所有权参入或利润分享计划以吸引当地杰出的医学人才 • 在目标市场中为大型和中等市场业务开发特制的、目标化的营销程序 • 引入我们的最先进的（state - of - the - art）基础设施系统以提供有效的管理和成本控制 • 对所有卫生保健和其他适用法律和法规的遵循情况要实现主要的追踪记录
↓ 相关目标—经营	• 开始与10家表现最不佳的医院的领导层进行对话，并在今年内与2家医院磋商协议 • 在主要目标市场里瞄准10个其他计划，并在今年内与5家签署协议 • 识别主要市场里中重要参与者的需求和动机，并构筑可供选择的模式条款

	• 确保在今年5个主要市场的每个核心学科中至少有1个杰出医学人才在工作（on board）
	• 使焦点小组支持主要市场中的业务领导，以确定计划需要
	• 为业务客户开发可供选择的模式计划
	• 为收购或重建医院的信息和经营系统开发"快速启动"（quick-start）实施方法
	• 为从现有系统的移植设定协议
	• 在一个新地方执行新系统以作为继续进行的模式
—报告	• 在最近获得的设备中安装我们的基础系统，以便在月末4个工作日内，向管理层提供带有例外和趋势线分析的关于主要绩效计量的报告
	• 确保所有设备准确、及时地报告合规绩效以及需要管理层审核的问题
	• 为外部报告所需的准确、完整的信息集合建立统一的报告系统/账目
—合规	• 建立具有特许权、领导能力、集中配备人员的合规办公室，给本地单位提供支持
	• 确保作业人员认可其首要遵循职责，使其成为人力资源和绩效评估的组成部分
	• 在医疗程序、药物储存和分发、人员分配和进度计划及病人护理的所有方面建立公司层面的规程
	• 审核保密政策和惯例，并比照联邦政府的要求和最好的惯例进行检查

联系的另一个例子如专栏3—3所示。这里，在专栏3—1中所提到的银行使它的愿景首先与战略目标和战略协调一致，然后与其在财产单位（property unit）和人力资源职能方面的目标协

调一致。

专栏 3—3 使命/愿景与战略和相关目标的联系

愿景	成为那个地区最主要的、最值得信任的家庭金融服务提供者，从而为我们经营所在的社区做出贡献
战略目标	• 保持所使用资本 15% 的年度收益 • 在 3 年内通过扩展 50% 的分支机构网络从而增长 30% 的客户基数
战略	• 在符合我们目标客户人口统计特征的地区获得新的房产租赁 • 保持分支机构网络目前的成本结构
财产单位目标	• 与一家有资格的房地产公司发展外购关系，根据资产组合所需的增长确定和取得适当的租赁 • 在下一年开 15 个新分支机构 • 保持该资产组合下租赁成本为每平方英尺平均 × × 美元 • 另外招聘两个内部资产经理
人力资源目标	• 客户服务员工的年度流动率在 10% 以下 • 在下一年招聘和培训 100 个客户服务员工 • 为即将到来的与工会有关新雇员待遇问题的谈判确定谈判立场和计划

风险容量

风险容量能以定性或定量术语表达。专栏 3—4 例示了管理层在考虑其风险容量时可能会问到的问题。

专栏3—4 考虑风险容量

1. 什么风险是公司在经营中将要承受的，什么风险是公司不愿承受的——例如，组织准备承受由于偷窃而导致的实物存货的较小损失，但不愿意承受由于损坏、陈旧过时或自然灾害导致的实物存货的巨大损失吗?
2. 公司对它的每项业务已承受的或将要承受的风险总量感到舒适（comfortable）吗?
3. 为了实现公司总体希望的投入资本15%的收益，公司准备承受何种水平的风险?
4. 主体准备承受比目前所承受风险更多的风险吗?如果是，要求的收益水平是多高?
5. 在给定的特定置信水平下，组织愿意接受什么水平的资本或收益风险——例如，在95%置信度下，管理层会承受50%的资本损失风险吗?
6. 公司根据对主要风险潜在事项发生的可能性和影响的衡量，可以有资本来抵补“最坏情况下（worst case）”风险的百分比是多少?可以接受一个不可能的事项会威胁到主体的生存能力这一理念吗?
7. 存在组织不准备承受的具体的特定风险吗?例如，能导致不遵守信息法保密规定的风险。
8. 公司对竞争目标愿意承受的风险达到什么程度?如为了更大的市场份额而降低总利润边际的风险。
9. 如何比较组织与同行的风险容量——组织为了在产品创新中从跟随竞争者到成为领导新潮者，准备承受多少风险?
10. 在通过维持现有产品和服务的质量以保持价值以及通过新产品开发试图创造新价值中，相关风险和相应的舒适度

(comfortable level) 是什么?

11. 公司在何种程度上准备进入有较低成功可能性但有较大潜在收益的项目?
12. 相对于定量描述来说,组织更满意于定性的描述吗?

如专栏 3—5 所示,有些组织用"风险地图"来表述风险容量。在这个专栏里,浅灰色区域里的任何重大的残余风险都超过了公司的风险容量,这要求管理层采取措施以降低风险的可能性和/或影响,并将其置于公司的风险容量之内。

专栏 3—5　形成风险容量

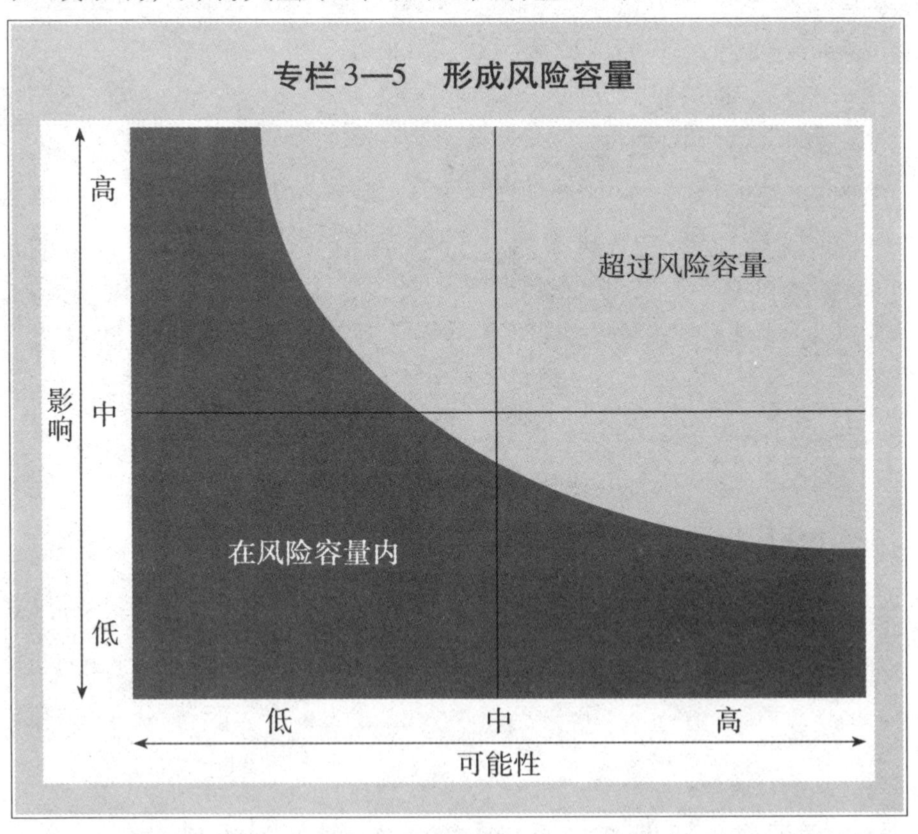

有些行业,特别是那些金融服务、石油和天然气部门,能够采用复杂的定量技术方法来表述风险容量。先进的主体可能利用

市场指标（market measures）或风险资本来表述风险容量。专栏3—6例示了用市场方法陈述风险容量。

专栏3—6 用市场方法表示风险容量

一家公用事业公司把注意力集中于通过产生稳定的现金流和收益而不断增长的市场价值资本总额上，并用这些术语来设定风险容量。因此，所有主体层次风险的表述都与对收益和现金流量变动性的影响有关。当变动性的趋势线接近风险容量时，管理层要在必要时采取措施。

专栏3—7举例说明了一家公司如何看待风险资本和与风险容量有关的收益。该公司努力使它的组合多样化以在该区域内部获得一个沿目标组合向上而不是向下的收益。

专栏3—7 风险容量、收益和风险资本

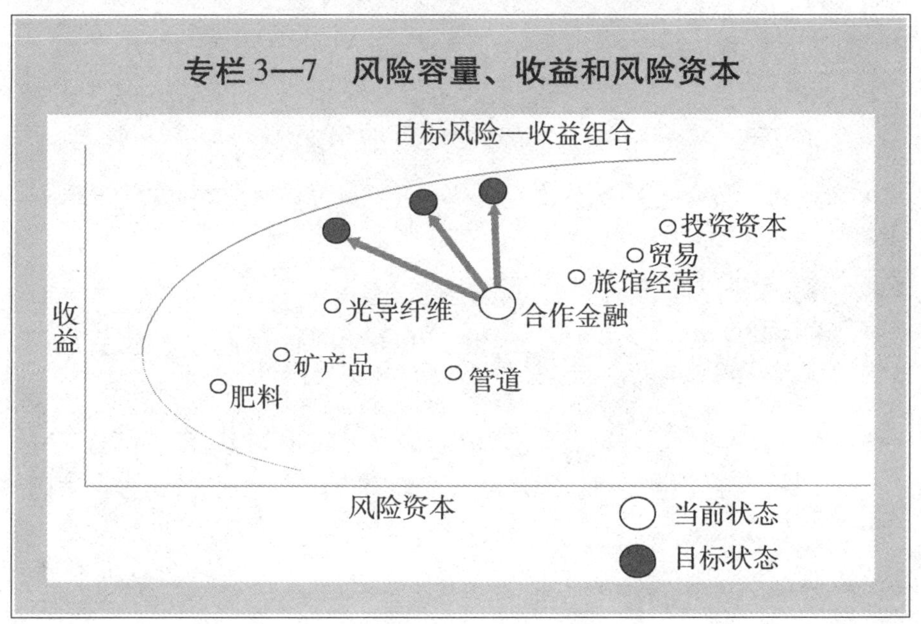

确定风险容限

风险容限是相对于目标的实现而言所能接受的偏离程度……在风险容限之内经营能够就主体保持在它的风险容量之内向管理层提供更大的保证，进而就主体将会实现其目标提供更高程度的慰藉。

专栏3—8例示了一家航空公司有关准时服务的风险容限的制定。

专栏3—8　目标和风险容限

一家航空公司决定围绕较高质量的准时服务设定一个目标。管理层认识到，引起航班延误的因素中有些在其控制之内，而另外一些因素则不在其控制之内，并充分了解了各种因素对监管者有关准时服务的公开报告产生的影响。在考虑风险容限、市场营销、客户服务和经营的过程中，职员确定：

- 85%的班机准时到达是公司多年来一直保持的目标，它通常已经实现并与其营销计划中的信息一致
- 在过去几年相应航线的行业平均准时到达率保持在大约80%
- 当准时到达次数暂时降到和行业平均数一样低时，对公司的客户航班订票造成的影响很小
- 实现87%以上准时到达的成本是不经济的，而且这个成本不能转嫁到票价上
- 公司因为无力降低成本已经遭到了行业分析者的批评

根据这些信息，管理层将其平均准时到达率的目标维持在85%，容限为82%~86%。着眼于其他目标的容限，管理层能更好地分配资源以确保实现贯穿多重目标的结果的合理可能性。

风险容限有时设定在主体层次并贯穿多个业务单元进行分配，如专栏3—9所示。

专栏 3—9 贯穿多个业务单元的风险容限

某公司设定了一个来自于联盟合伙人收益不超过 20% 的风险容限。它的两个业务单元在制定下一期间的经营和营销计划时，都对联盟合伙人显示出极大的依赖性。并且，如果合计在一起，该计划表明这种来源的收益超过了 20% 的极限。管理层决定允许 A 企业从联盟合伙人那里产生最高 40% 的收入，而只允许 B 业务单元产生 15%，从而使得公司整体计划保持 20% 的容限水平。

专栏 3—10 部分地例示了一个组织描述其使命、目标、容量和容限之间的关系所用的方法。

专栏 3—10 使命、目标、容量和容限间的关系

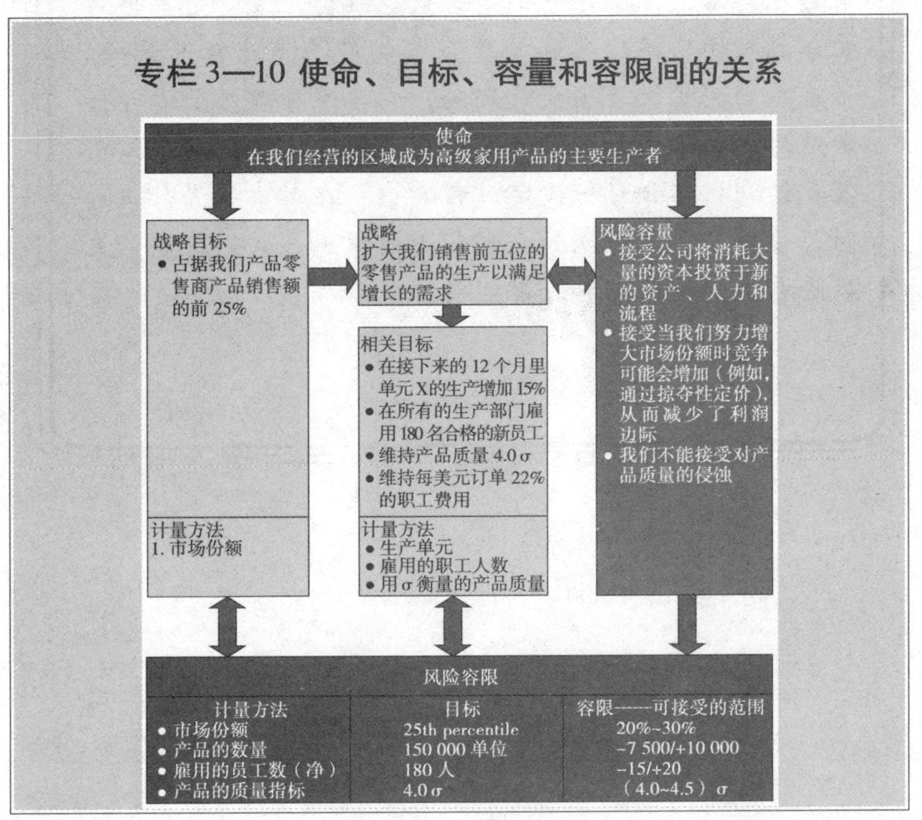

4 事项识别

框架章摘要

管理层识别将会对主体产生影响的潜在事项——如果存在的话，并确定它们是否代表机会，或者是否会对主体成功地实施战略和实现目标的能力产生负面影响。带来负面影响的事项代表风险，它要求管理层予以评估和应对。带来正面影响的事项代表机会，管理层可以将其反馈到战略和目标设定过程之中。在对事项进行识别时，管理层要在组织的全部范围内考虑一系列可能带来风险和机会的内部和外部因素。

本章举例说明了在事项识别中所使用的一些技术。本章包括如何把事项与目标连接起来的例子，使职员使用事项目录、推进式研讨、访谈、调查问卷、调查和过程流动分析等能够识别事项的技术，以及利用首要事项指标、扩大触发器以及损失事项数据追踪来识别事项。本章也例示了多重事项间的相互关系以及应用事项分类来增强对这些关系的了解。

连接事项和目标

在有些情况下，识别与具体目标有关的事项是相当直接的，如专栏 4—1 所示。在这个建立在专栏 3—10 的基础之上的例子中，潜在事项和它们的影响被识别，并与目标、相关的风险容限和度量单位联系起来。在这个实例里，管理层确定提高人员配备水平和维持员工成本是两个经营目标（其他的经营目标没有提出）。

专栏 4—1　识别事项

使命	在我们经营的区域成为高级家用产品的主要生产者
战略目标	占据我们产品零售商产品销售额的前 25%
相关目标	• 在所有生产部门雇用 180 个合格的新员工在不造成人员过剩的情况下满足客户需求 • 维持每美元订单 22% 的员工费用
计量的目标单位	• 新雇用的合格员工数 • 每美元订单的员工费用
容限	• 165 ~ 200 名合格的新员工 • 每美元订单员工费用占 20% ~ 23%

续表

潜在事项或风险和相关影响	• 工作市场出乎意料的衰退，致使接收的求职者超过了计划，导致员工过剩 • 工作市场出乎意料的升温，致使接收了较少的求职者，导致员工太少 • 不充分的要求或技术条件说明，导致雇用了不合格的员工

在其他情况下，风险识别不是那么直接显明的，而是要使用各种技术，这将在下面章节里讨论。

事项识别技术

主体的事项识别方法可能包含各种技术的组合，以及支持性的工具……事项识别技术既关注过去，也着眼于将来。

管理层可以使用许多技术来识别影响目标实现的潜在事项。这些技术要用来识别风险和机会，比如在实施一个新的业务过程、重新设计一个现有的过程或评价一个过程时。或者，它们可以用于与战略或业务单元计划的联系中，或考虑新的创新或组织变化时。它们可以定期或持续的使用。

通用事项识别技术的应用在下面举例说明。

事项目录

管理层使用一个特定行业或职能领域所共有的潜在事项清单。这个清单是由主体内的人员编制的，或来自外部产生的一般清单。例如，这种潜在事项清单可应用于一个具体的项目、过程或活动，并且有助于确保对组织内的类似活动有一致的看法。如果目录是由外部产生的，则需要改进并根据主体的环境进行调整，从而更好地结合组织的风险以及与组织通用的企业风险管理语言保持一致。专栏 4—2 例示了对一个外部产生的、潜在地影响了一个软件开发项目的事项目录的应用。

专栏 4—2 事项目录

在着手进行一个软件开发项目之前，某公司审查了软件开发项目所固有的一般风险的一个目录。这个目录为利用其他经历过这个项目领域的人的累计风险知识提供了一种有效的途径。如果认识到这个目录包含了许多来自于不同特征的公司的风险，管理层要考虑这些风险对其特定环境的影响。

推进式研讨

比如，如果事项与公司的战略、业务单元或过程目标有关，事项识别的推进式研讨特别要把交叉职能的或多层级的人聚集在一起，以利用团队的集体知识开发一个事项清单。研讨的结果通常取决于参与者带到桌面上来的信息的深度和广度。

有些与战略制定有关的组织举行高级管理层的研讨会，以识别能够影响公司战略目标实现的事项。专栏 4—3 概述了一家公司识别与实现特定目标有关的潜在事项所采用的研讨会和议程。

专栏 4—3 推进式研讨概要

在研讨之前

- 确定有经验的推进者来领导会议、管理团队动态以及计划如何以可行的形式最好地抓住产生的想法
- 在研讨开始时制定基本规则并就其达成一致意见
- 识别不同参与者的风格和人格类型,考虑如何优化他们的作用
- 确定要关注的目标、目标类别和事项类别

- 邀请适当数量的研讨参与者，一般限于 15 人或更少
- 关于研讨会要实现的目标，预先设定实际的期望

议程

1. 介绍

  ——解释研讨会的背景和邀请每一个参与者的原因

  ——说明基本规则

2. 说明研讨会程序

  ——根据每一业务计划的公司目标要考虑的事项

  ——对每个目标来说，推进者要鼓励对由下列因素引发的事项以及它们的相关影响进行讨论：

外部	内部
经济因素	基础结构
自然环境因素	人员
政治因素	流程
社会因素	技术
技术因素	

  ——描述如何和何时应用投票工具和口头意见（verbal inputs）

  ——解释将如何记录观点和结论

3. 探讨目标

  ——识别目标、它的计量单位和有关已设定目标

  ——就风险容限（围绕计量单位可接受的差异程度）取得一致意见

  ——讨论驱动与目标有关的潜在事项的内部和外部因素

  ——确定哪些事项代表目标实现的风险，哪些事项代表机会

  ——考虑影响这个目标的多重风险之间的联系

4. 随后的步骤和结束

  ——在 48 小时之内把研讨结果和随后步骤的行动计划分发给所有参会者

访谈

访谈主要是以一对一的方式进行，或者有时是二对一，此时访谈员配有一个同事进行记录。其目的是查明那个人对实际的过去事项和潜在事项的公正的观点和认识。专栏 4—4 举例说明了集中关注业务单元目标时所用的一份访谈程序。

专栏 4—4　访谈程序

访谈程序

1. 介绍
2. 提供有关项目和访谈过程的背景
3. 确认该人的职位、背景和当前的职责
4. 确认他们收到并阅读了预先提供的所有背景材料

战略和目标

1. 识别被访问者所在的业务单元或公司部门内的主要目标
2. 确定这些目标如何与主体的战略和目标一致并支持主体的战略和目标
3. 为每个目标及相关已设定目标确定计量单位
4. 确定已设立的风险容限
5. 讨论与目标有关的潜在事项的相关因素
6. 识别给目标带来风险的潜在事项和那些代表机会的潜在事项
7. 在考虑可能性和影响的基础上，考虑被访问者如何区分这些事项的优先次序
8. 识别在过去 12 个月里已经发生的、对主体产生了影响、但没有被管理层和员工识别出的事项
9. 考虑风险识别机制是否需要提高

调查问卷和调查

调查问卷提出参与者要考虑的一系列问题，把他们的思维集中在已经引起或可能引起事项的内部和外部因素上。问题取决于目的，可以是自由回答的或限定的。它们能被指向一个或少数几个人，或被用于更广泛的调查，或者在一个主体内或指向消费者、供应商或其他外部团体。专栏 4—5 例示了这些技术的使用。

专栏 4—5　例示的调查问卷和调查

目标调查问卷

一家公司要求业务单元的员工在接受一个新卖主前完成一份调查问卷。该调查问卷要求员工考虑一系列问题，调查潜在卖主的：

- 质量过程。
- 风险管理过程。
- 保险范围。
- 限制性规定。

在考虑这些问题时，员工要识别公司在与该卖主进行交易的情况下会面临的下列潜在事项：

- 卖主交货不稳定的历史造成了供应链断裂的风险。
- 卖主不能证明存在一个适当的质量标准。存在这样一个风险：提供的原料可能不满足公司的质量要求，从而导致产品问题、失去客户和声誉损害。
- 卖主对产品缺陷有不适当的保险范围。存在这样一个风险：公司将不能挽回相关的损失。
- 卖主的限制性条件要求与公司签订两年的买卖契约，这会伴随一个需求变化和相关经济损失的风险。

调查

一家快餐公司通常从两方面调查它的消费者：他们消费习惯或偏好的变化；对其餐馆服务的满意程度。一个最近完成的调查确定，人们的偏好向有机食物转变而远离基因改性食品。根据这个信息，管理层评估消费偏好的改变需要修改战略和有关目标的程度，包括新的产品供应和营销计划。同样，管理层利用调查结果——它表明对特定餐馆的服务的满意水平在降低——考虑与那些单元有关的基本问题。

过程流动分析

过程流动分析主要包括对一个过程的图示，目的是更好地了解其构件输入、任务、输出和职责的相互关系。一旦绘制了过程的图示，就能参照过程目标识别和考虑事项。和其他事项识别技术一样，过程流动分析可以从主体内高层的视角来使用，也可以从精细层的视角来使用。专栏 4—6 例示了第二种情况，描述了一家公司如何绘制它的现金收入过程，以此作为一个依据来识别与及时和准确地贮存和记录所有现金收入这个目标有关的风险。

专栏 4—6 过程流动分析

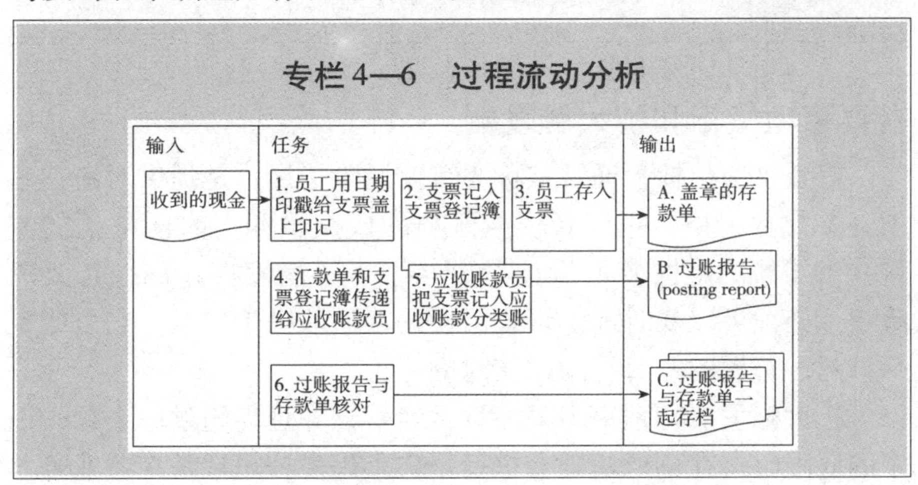

任务	可能事项
1. 员工用日期印戳给支票盖上印记	• 员工没有给支票盖上印记
2. 支票记入支票登记簿	• 员工没有记录支票详细情况 • 员工记录了错误的支票详细情况 • 员工侵吞(misappropriate)了支票
3. 员工存入支票	• 支票在去银行的途中丢失 • 支票存入了错误的银行账户 • 银行记录了错误的数额 • 盖有印记的存单丢失
4. 汇款单和支票登记簿传递给应收账款员	• 汇款单或支票登记簿忘记放在何处或丢失
5. 应收账款员把支票记入应收账款分类账	• 支票记入了错误的账户 • 在客户明细账中记录了错误的数额 • 应收账款员没有把支票入账
6. 过账报告与存款单核对	• 细节不相符

首要事项指标和扩大触发器

首要事项指标，通常被称为首要风险指标，是提供对潜在事项（如燃料价格、投资者证券账户的成交量和一家网站上的流量）的了解的定性或定量计量方法。为了能发挥作用，首要风险指标必须可以及时地供管理层使用，这取决于信息，它可能是每日的、每周的、每月的或实时的。

扩大触发器特别集中关注日常经营，并且当超过一个预先设定的底限时，在例外基础上进行报告。许多公司常常在各业务单元或部门内设有扩大触发器。为了有效，扩大触发器需要确定在什么时间通知管理人员，通知时间的安排建立在管理人员认为采取措施需要花多少时间的基础上。

首要风险指标和扩大触发器如专栏 4—7 所示。

专栏 4—7　首要风险指标和扩大触发器

业务单元目标	计量方法	目标和容限	潜在事项	首要指标	业务单元的扩大触发器
在主要区域利用超级市场连锁开展产品促销活动	每个商店每月售出的产品数	**目标**：在促销活动期间每个商店每月售出 1 000 件新产品 **容限**：每个商店每月售出 900～1 250 件新产品	消费者信心降低，导致对公司产品的购买量减少	消费者信心指标	消费者信心降低超过 5%
创造和维持强有力的安全措施，抵御对系统的外部侵扰	成功侵入的次数	**目标**：每月 0 次 **容限**：每月 0 次	未经授权的个人通过互联网端口访问公司的系统	由卖主或第三方公开的、在公司核心操作系统中发现的弱点，未经授权尝试的次数	由第三方识别出的新关键弱点
遵循控制有害物质转移的标准	公司员工运送的有害物质溢出的量	**目标**：每年小于 100 加仑 **容限**：0～125 加仑	由于桶的腐蚀导致有害物质在运送过程中从卡车上泄漏	用来运送有害物质的桶的使用年限	所用桶的使用年限超过了预计使用寿命的 85%
维持稳定的、高质量的劳动力	高级职员的流动率	**目标**：高级职员的流动率小于 10% **容限**：2%～12%	高级职员辞职	高级职员的员工士气	高级职员在年度员工调查中的回答为"非常"或"有些"不满意

损失事项数据追踪

监控相关数据可以帮助一个组织识别具有负面影响的过去事项，并量化相关的损失，以便预测将来发生的事情。虽然事项数据主要应用于风险评估——基于可能性和影响的实际经验——但它们也能通过为基于事实的讨论提供依据、使知识制度化（在职员流动率很高的地方尤其有用）、充当理解损失事项相关性的根源以及开发预测和因果模型来发挥作用。

由第三方服务提供商开发和维护的损失事项数据库可以通过预定获得。在某些行业，如银行业，国际银团已经形成以共享内部数据。

损失事项数据库包含了满足特定标准的实际事项的相关信息。外部开发的事项数据库的信息能够有助于补充在估计将来事项的可能性和影响过程中从内部产生的信息，特别是对具有低可能性（即一家公司在过去不太可能经历过）和高影响的潜在事项。例如，一个这样的数据库包括了跨行业的损失事项数据，涉及公开报道过的超过 100 万美元的经营损失。

有些公司追踪多个系列的外部数据。例如，大公司追踪一系列首要经济指标以识别所有表明其产品和服务的需求发生变化的动向。同样，金融机构要监控世界政治的变化以识别表明调整未来投资战略的首要指标和需要立刻改变投资组合的实际事项。

使用内部产生的数据如专栏 4—8 所示，使用外部形成的数据如专栏 4—9 所示。

专栏4—8 使用内部数据的损失事项追踪

一家制造公司通过能够进行电子监控和捕捉异常的设备诊断信息的自动化程序来追踪生产设备故障。通过追踪事项的进展，管理人员可以评估生产过程故障的根本原因和设备停工期的相关成本。经营管理人员应用实时信息，诊断原因并迅速做出维修决策。将来的维修计划反映了已知的过去的设备故障。定期地向经营管理人员提供报告，确定设备故障对主要计量单位——生产有效性——的影响和相关的货币化成本。

设备	构件	次要构件	原因	停工持续时间	对生产有效性的负面影响	成本（万美元）
1号泵	电动机	绝缘材料	由于引线电缆长度过长造成绝缘材料损坏而导致热度过高	1小时20分钟	0.4%	2.4
2号泵	电动机	开关	产品缺陷	2小时10分钟	0.7%	4.2
输送机	传动带	滚轮	滚珠油里的污染	4小时45分钟	1.6%	9.5

专栏4—9 使用外部数据的损失事项追踪

一家政府机构承担了控制非法毒品和其他违禁品通过其港口流入的任务。多个国家的政府收集和共享数据，包括：

- 发航港。
- 船的主人。
- 途中穿过的国家。
- 货物的主人。

- 运送的船只。
- 运载货物的种类。
- 运载的传统货物。
- 货物接收者。
- 货物价值。
- 交货地址。
- 往返频率。

根据预定的底限触发器来测定数据，以更有效地确定检查目标。

持续的事项识别

以上说明的技术主要应用于特定的环境下，随着时间的过去，使用频率会发生变化。潜在事项的识别也要在持续的基础上结合日常业务活动进行。专栏 4—10 例示了一些技术，这些技术有助于发现那些对主体实现其目标来说很重要的风险和机会。这个专栏说明了一家公司如何使它的持续事项识别机制与引起事项的外部和内部因素适应，以帮助确定是否需要采取进一步的措施。

专栏 4—10　例示的事项识别机制

机制—— 输入来自	外部因素					内部因素			
	经济的	自然环境的	政治的	社会的	技术的	基础结构	人员	流程	技术
行业或技术会议	√	√	√	√	√	√	√	√	√
同等公司的网站和广告活动	√				√				
政治说客			√						
内部风险管理会议						√	√	√	√

续表

机制—— 输入来自	外部因素					内部因素			
	经济的	自然环境的	政治的	社会的	技术的	基础结构	人员	流程	技术
对标的报告	√				√	√	√	√	√
竞争者的规章文件	√			√	√				
主要的外部指数	√	√	√	√	√				
主要的内部指数或风险和绩效计量方法或记分卡						√	√	√	√
新的法律裁决	√		√	√					
媒体报告	√	√	√	√	√				
每月的管理报告						√	√	√	√
分析报告	√		√	√					
电子公告牌和通知服务	√	√	√	√	√				
行业、贸易和专业杂志	√	√	√	√	√				
针对竞争者推出新产品的时机	√						√	√	√
对客户服务的剖析访问（profiling calls）	√				√			√	
金融市场活动的实时反馈	√								

可能影响目标的事项的相互依赖性

在许多情况下，多个事项能影响一个目标的实现。为了获得对相互关系的了解和认识，一些公司使用事项树形图，也就是通常所说的鱼骨形图。事项树形图提供了一种识别并用图表描绘不确定性的方法，它一般集中关注一个目标以及多个事项是如何影响目标实现的。这种技术如专栏 4—11 所示。

专栏 4—11 连接因素和潜在事项与目标度量单位

一家通过零售渠道销售床垫的公司试图保持 30% 的销售利润。它希望确定哪些因素和事项影响产品的需求和生产成本——或者说，哪些因素和事项可能影响 30% 的利润目标的实现。目标在主“骨”右边的末端。次骨与主骨呈一定角度，它列示的是直接影响目标的事项。对目标的实现产生正面影响的次骨事项用一个向上的指示箭头表示，而那些具有负面影响的事项用向下的箭头描述。与次骨事项有关的内部和外部因素在左边识别。

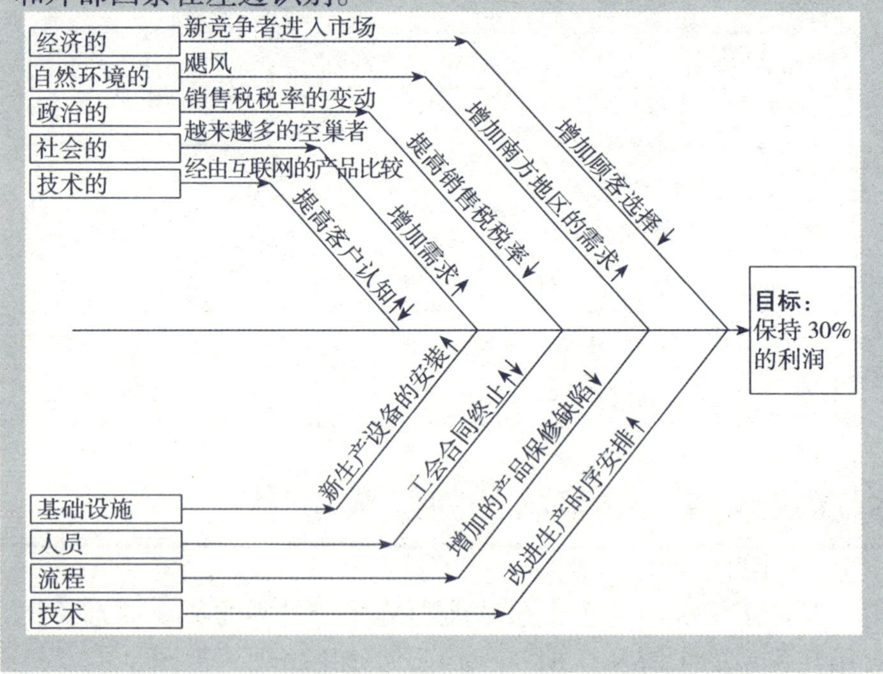

事项分类

通过归集类似的潜在事项，管理层能够更好地辨别机会和风险。

有些主体对潜在事项加以分类以帮助确保事项识别的努力是完整的。分类也能有助于随后形成一种风险组合观。专栏 4—12 例示了一家公司（一家医院）使用的分类方法。

专栏 4—12　例示的事项分类

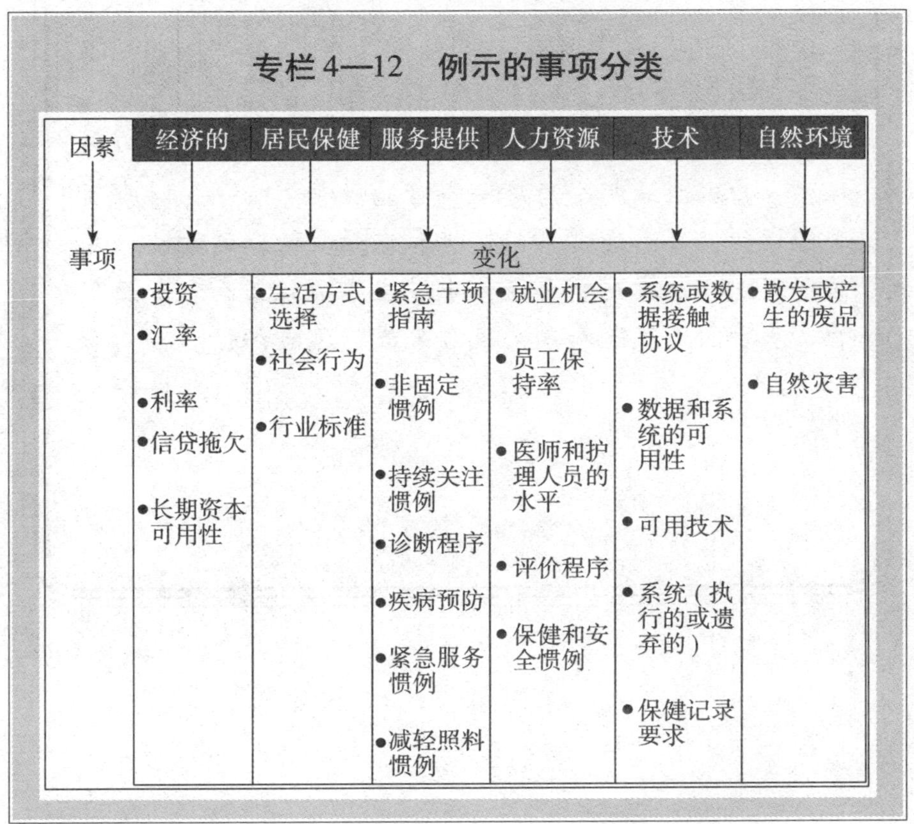

5 风险评估

框架章摘要

风险评估使主体能够考虑潜在事项影响目标实现的程度。管理层从两个角度——可能性和影响——对事项进行评估，并且通常采用定性和定量相结合的方法。应该个别或分类考察整个主体中潜在事项的正面和负面影响。基于固有风险和剩余风险来进行风险评估。

本章举例说明了风险评估中使用的一些技术。这些技术包括固有风险和剩余风险评估，包含风险排序和调查问卷在内的定性技术，包含诸如风险价值、风险市场价值、损失分布、事后检验（back - testing）等概率技术在内的定量技术和诸如敏感性分析、情景分析、压力测试、设定基准等非概率技术。本章也例示了用来估计承受风险所需要的资本数额的风险和资金分配技术，如何在风险图、热图或数字表达中描绘风险以及主体层级视角的风险评估技术。

固有风险和剩余风险

固有风险是管理层没有采取任何措施来改变风险的可能性或影响的情况下，一个主体所面临的风险。

专栏 5—1（该专栏建立在专栏 4—1 的基础上）给出了一个固有风险评估的例子，它把风险和目标连接在一起。

专栏 5—1 固有风险评估

经营目标	在所有生产部门雇用 180 名合格的新员工以满足消费者需求，而不造成人员过剩	
目标度量单位	雇用的合格新员工数	
容限	165～200 名合格的新员工，每美元订单人工费用在 20% 到 23% 之间	
风险	固有风险评估	
	可能性	影响
可用的合格候选员工的数量不足	20%	雇用的员工减少 10% →18 个空缺职位
候选员工的初次审查筛选得太严格	30%	由于拙劣的候选员工审查导致雇用的员工减少 5% →9 个空缺职位

剩余风险是在管理层的风险应对之后所残余的风险。

剩余风险反映的是管理层用来减轻固有风险的预定措施得以有效实施后仍然存在的风险。这些措施可能包括与消费者、产品或其他中心事项（concentration）有关的多元化战略，规定范围、授权和其他协议的政策和程序，按绩效审查和采取措施的监督员工，或是使重复决策或交易审批标准化和加速的自动化标准。这些措施可以降低一个潜在事项发生的可能性、这一类事项的影响，或同时降低二者。

在下面的例子中，管理层用对公司对外经营产生的收入的影响来评价外汇汇率变化的固有风险。在这个例子中，管理层把外汇套期作为一种风险应对措施，并在反映了套期的影响之后重新评估剩余风险。风险评估的结果如专栏 5—2 所示。

专栏 5—2　固有风险评估和剩余风险评估

经营目标	从对外经营中获得 10 000 万美元营业收入				
度量单位	对外经营中所获营业收入的变化				
风险	汇率波动对来自对外经营的营业收入产生了负面影响				
风险容限	可接受的变化是 +/ -1 000 万美元				
风险	固有风险评估		风险应对	剩余风险评估	
	可能性	影响		可能性	影响
在 90 天内外汇汇率上升 1 个百分点	10%	500 万美元	没采取应对措施	10%	500 万美元
在 90 天内外汇汇率上升 1. 5 个百分点	4%	1 000 万美元	取得外汇套期工具以限制影响	4%	500 万美元
在 90 天内外汇汇率上升 3 个百分点	1%	200 万美元		1%	800 万美元

定性和定量的方法和技术

一个主体的风险评估方法包含定性和定量技术的结合。在不要求他们进行定量化的地方，或者在定量评估所需的充分可靠数据实际上无法取得或者获取和分析数据不具有成本效益性时，管理层通常采用定性的评估技术。定量技术能带来更高的精确度，通常应用在更加复杂和深奥的活动中，以便对定量技术进行补充。

计量尺度

在估计潜在事项的可能性和影响时，无论是基于固有风险还是剩余风险，要用到一些计量方式。为了说明问题，有四种基本的计量方式，即名义计量、顺序计量、间隔计量和比率计量。

- 名义计量——这是最简单的计量方式，主要是把事项分为诸如经济、技术或自然环境等类别。它不涉及任何一种认为一个比另一个“多”的排序。以名义计量方式赋予的数字仅仅是为了识别——就像分给棒球运动员的数字一样——而且，这些项目不能被排序、分等级或相加。
- 顺序计量——在这种计量方式里，事项按照重要性顺序列示，多半用诸如高、中或低这样的标志，或者以按照某一标度排序的方式列出。管理层规定项目 1 大于项目 2。例如，管理层可以把一种新计算机病毒破坏系统的可能性评估为比员工未经授权传输秘密信息的可能性大。
- 间隔计量——间隔计量要用数字上等距离的尺度。例如，如果一种主要机械的生产产生的损失带来的影响计量为“3”，停电一小时的影响计量为“6”，100 个空缺的职位的影响计量为“9”，那么，管理层就可以说，损失一台机器和停电一小时的潜在影响的差别与停电一小时和有 100 个空缺职位的潜在影响的差别是一样的。但是，这不意味着被计为“6”的事项的影响是计为“3”的事项的影响的两倍。

- 比率计量——比率计量方式可以让人得出这样的结论：如果一个事项的潜在影响赋值为“3”，另一个事项的潜在影响赋值为“6”，那么第二个事项的潜在影响是第一个的两倍。这一点是可能的，因为比率计量包括真零点的概念，而间隔计量不包括。

这里使用的名义和顺序计量被认为是“定性”技术，而间隔计量和比率计量是“定量”技术。

定性技术

虽然有些定性的风险评估是用主观术语提出的，而其他的以更客观的术语提出，但评估的质量主要取决于判断者的知识和判断能力、他们对潜在事项的了解以及相关背景和动态变化。

下面几个专栏描绘了使用顺序计量尺度的定性评估。专栏5—3举例说明了对影响计算机运行的事项发生的可能性的衡量。在专栏5—4里，对排放有害物质的风险的各种潜在影响进行了排序。

专栏5—3 影响计算机运行的可能性风险排序（下一季度时间范围）

级别	描述符	发生的可能性	风险
1	罕见的	非常低	恐怖分子或其他故意行动使技术系统关闭了较长的期间
2	不太可能的	低	一个自然灾害或第三方（如公用事业单位）事项要求应用经营连续计划
3	可能的	中等	电脑黑客侵入我们的电脑安全系统
4	很可能的	高	内部员工利用公司资源从网上接近不正当信息
5	几乎确定的	非常高	内部员工把公司资源用于个人信息传递

专栏5—4 有害物质排放的风险的影响排序(1年的时间范围)

目标 按照州和联邦政府的规定管理有害物质

风险	度量单位
无计划地排放有害物质	损失的生产时间 保存成本 损失时间的损害 赔偿及有关成本

等级	相关影响	度量标准
1	**无关紧要的**	• 没有可报告的事件 • 最小限度的生产时间损失 • 没有损害
2	**较小的**	• 1～2 例可报告的事件 • 物质在现场被员工控制 • 影响少于每天生产时间的5% • 没有或较小的损害
3	**中等的**	• 几例可报告的事件 • 物质在现场在外部帮助下得到控制 • 影响介于每天生产时间的5%～20% • 需要门诊医疗
4	**较大的**	• 较大的可报告事件 • 物质排入环境，但没有实际的或感觉到的有害影响 • 重大的生产损失——介于每天生产时间的20%～100% • 需要有限住院照料
5	**灾难性的**	• 多次较大的可报告事件或一个灾难性事件 • 排入环境，带有重大有害影响，需要非常多的第三方资源 • 生产能力的重大损失——超过两天的生产时间 • 重大损害

专栏5—5是某受管制行业中的一家公司评价实施新信息系统的相关风险所使用的调查问卷，它使用了分类和低（灰色）、中（灰色底纹）、高（黑色）的风险排序。

专栏5—5　新系统实施的风险评估

目标：实施一个新信息系统来监督对联邦和州法规的遵循情况

风险：完成这个项目需要比预期更长的时间

类别	问题	回答
职员	职员在这个项目上的经验是什么？	至少有一名职员以前已经成功地实施过这个系统
		至少有一个职员以前已经实施过这个系统，但得到了混合结果
		没有小组成员曾经这样做过，或做过但得到否定的结果
管理过程	这个管理小组的稳定性如何？	稳定的管理小组，平均任期超过2年
		变化的管理小组，平均任期在1~2年
		新的管理小组，平均任期不到1年
卖主	对技术卖主的了解如何？	与联盟伙伴扩展当前服务
		与现有卖主的新服务
		新卖主
实施过程	实施过程的制定情况如何？	被证实的方法
		现有方法适当，但使用后产生混合结果
		新方法
监管	对监管要求的了解如何？	监管要求制定得很完善
		监管要求不清楚或要定期修改
		监管要求不被所知或经常进行实质性变动
连续性计划	该项目连续性计划的测试情况如何？	为这个新的应用成功地测试了连续性计划
		测试了新应用的连续性计划，识别出需要调整的重要事项
		新应用没有适当的连续性计划

定量技术

如果存在充分的信息以应用间隔或比率计量来估计风险的可能性或影响，那么就可以使用定量技术。定量方法包括概率、非概率和对标技术。在定量评估中，一个重要的考虑是从内部或外部获得准确数据的可能性，而且，使用这些技术面临的挑战之一是获得充分有效的数据点。

概率技术

概率技术度量建立在事项行为的分布假设基础上的一系列结果的可能性和影响。概率技术包括“风险”模型（包括风险价值、风险现金流量和风险收益）、损失事项评估和事后检验。

风险价值

风险价值（VaR）模型建立在一个项目或一组项目价值变化的分布假设基础上，预计它在一个规定的时期内不会超过一个给定的置信度。这些模型被用来估计那些预期很少发生的价值变化的极端范围，如估计那些预计不超过95%或99%置信度的损失水平。管理层选择预期的置信度和时间范围，在此基础上部分地根据风险容限进行风险评估。

风险价值度量有时会用于通过以特定时间范围内的较高置信度估计弥补可能损失所需要的资金来合理配置业务单元所需要的资金。资金度量期间要设定得与绩效评估期间一致。

风险价值的一个应用是风险市场价值，它被交易机构和一些非交易机构用来评估影响金融工具的价格变动风险。风险市场价值定义为，在特定置信度下的给定时间范围内，在一种金融工具或投资组合上可以预期到的估计最大损失。专栏5—6提供了一个风险市场价值度量的例子。

专栏 5—6 风险市场价值分析

一家财务服务公司评估其交易组合价值变化的风险。在95%的置信度下，它估计任何一天内的最大损失（假设组合的价值变化可以用一个正态分布来表示），它考虑了所有可能的情况。风险价值描述如下：

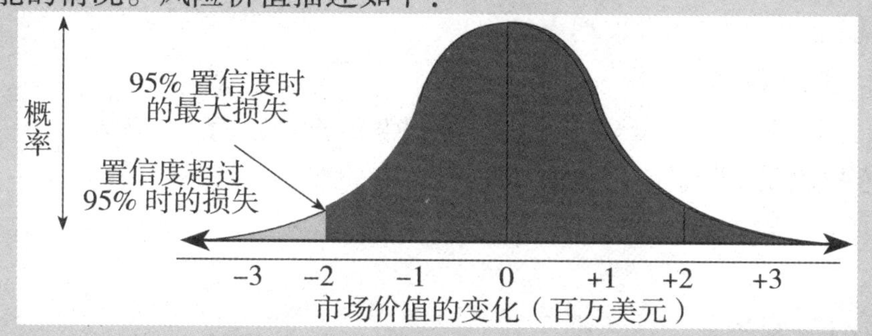

浅灰色区域表示对95%置信度下一天内估计最大损失的超过部分的估计。

风险现金流量

这种方法与风险价值类似，不同的是它是在给定的置信度和确定的时间范围内估计一个组织或业务单元的现金流量相对于目标现金流预期的变化。它建立在对现金流量变化行为的分布假设基础上。风险现金流量用于这样一些业务：其结果对那些与非市场价格因素相关的现金流量的变化敏感。例如，一家计算机制造商要度量其净现金流量的风险，它可以使用包括一个变量（如外汇汇率）或多个变量（如国内生产总值、计算机配件的供求和公司研究与开发预算的变化）的风险现金流量技术。这些度量方法可以使公司评估其与现金流量有关的外汇风险或更广泛的现金流量绩效。

风险收益

与风险现金流量相似，风险收益根据会计收益行为的分布假设估计一个组织或业务单元的会计收益的变化，其数额在给定的置信度和确定期间内预计不会被超过。专栏 5—7 提供了一个风险收益分析的例子。

专栏 5—7　风险收益分析

一家制药公司的管理层通过对销售处方药的收入、研究花费和其他收入或开支进行蒙特卡洛模拟确定公司的风险收益。在这里，管理层 95% 确信收益将是每股至少 1. 1 美元。

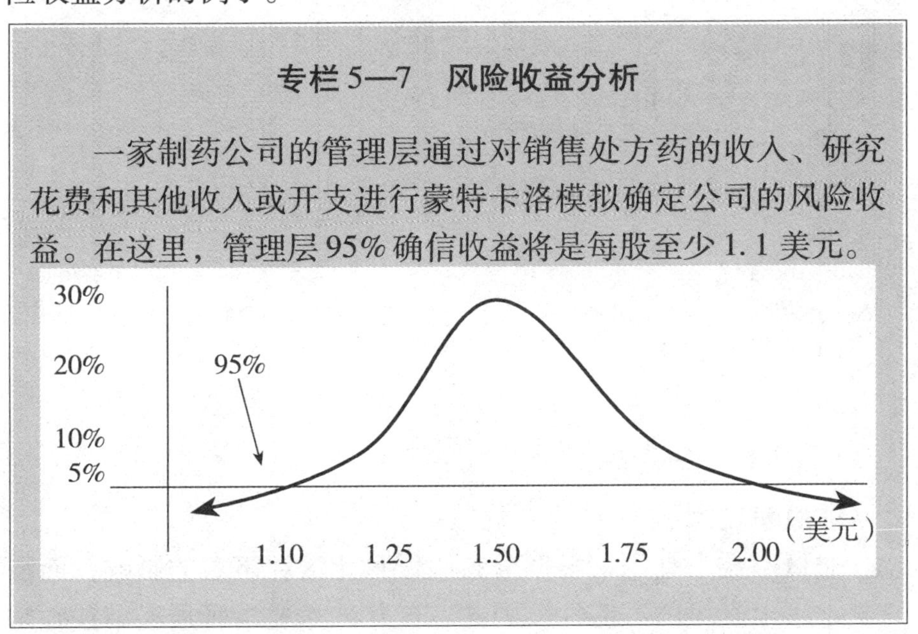

损失分布

某些经营或信用损失分布估计使用统计学技术（一般是基于非正态分布）来计算给定置信度下的经营风险导致的最大损失。这些分析需要收集根据损失的根本原因分类的经营损失数据，如犯罪活动、人力资源、销售惯例、未被授权的活动、管理过程和技术。使用这些损失数据和相关保险成本和收益的反映数据，形成一个初步的损失分布并加以改进以考虑组织的风险应对。

事后检验

在这个背景下，事后检验主要包括主体的风险度量与随后的利润或损失的定期比较。事后检验通常会被金融机构使用。有些组织，包括许多银行，会定期把每日的利润和损失与其风险模型产生的输出结果进行比较，以评价其风险评估系统的质量和准确性，如专栏 5—8 所示。

专栏 5—8　事后检验分析

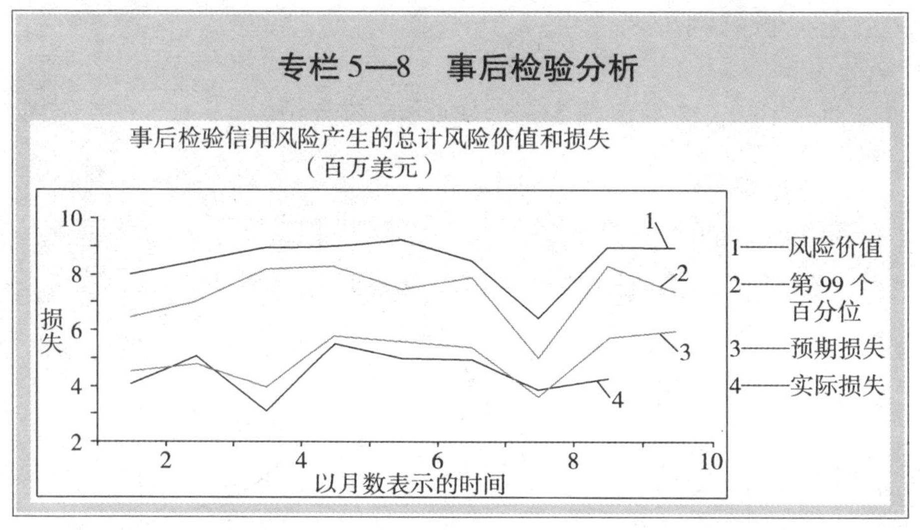

非概率技术

非概率技术是用来根据分布假设量化潜在事项的影响，而没有确定事项发生的可能性。因此，这些技术要求管理层单独确定可能性。通常使用的非概率技术有敏感性分析、情景分析和压力测试。

敏感性分析

敏感性分析用来评价潜在事项的正常或日常变化的影响。由于计算相对容易，敏感性度量方法有时用来补充概率方法。敏感性分析用于：

- 经营度量，如销售量的变化对呼叫中心响应时间或生产缺陷数的影响。
- 股票，用 β 系数。对股票来说，β 表示单支股票的变动相对于总体市场组合或诸如 S&P 500 指数的一个代替物的变动的比率。

专栏 5—9 例示了用线性近似法来估计固定收益证券价值的

变化。这种近似（用图中较细的线表示）是通过使用一个固定收益敏感性的度量建立起来的，它度量利率小幅度变化（图中4.5%～5.5%之间）引起的价值变化，并且利用这种方法估计利率大幅度变化（在4.5%～5.5%的范围之外）引起的价值变化。由于曲线的凸度，实际价值（用较粗的线表示）和估计的价值之间存在差异。

专栏5—9　固定收益（金融）工具的敏感性分析

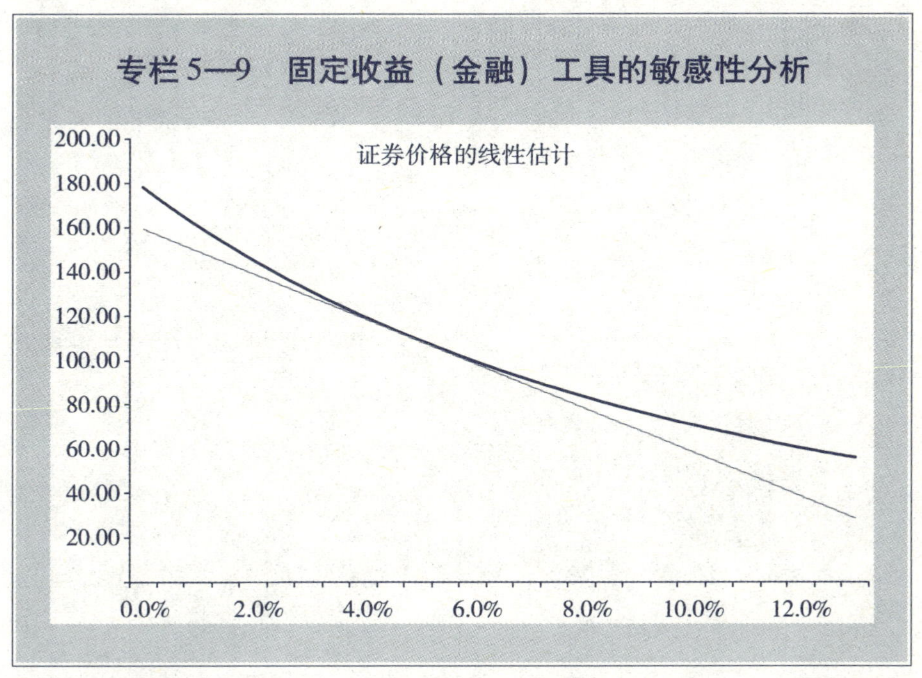

情景分析

情景分析是评估对一个或多个事项的目标的影响。情景分析可以结合经营连续性计划（business continuity planning）或估计系统故障或网络故障的影响来使用，它反映对经营的全面影响。如果管理层试图把增长、风险和利润连接起来，在战略计划编制中可以实施情景分析，这里的风险是用增加的股东价值来评价的，如专栏5—10所示。

专栏 5—10

贯穿多个业务单元的关于增加的股东价值(SVA)的各种情景分析

业务单元主要潜在业务情景对股东价值增加值的影响（百万美元）

单元	潜在的业务情景	SVA 的增加（减少）
1	• 风险评级降低 20% • 消费者贷款减少 10% • 竞争增加——一个新的市场进入者 • 银团中的收入减少 15% • 失去一个高层客户 • ……	(150) (120) (100) (80) (50) ……
2	• 增加的竞争——一个新的市场进入者 • 因为客户服务，收入减少 10% • 失去一个高层客户 • 不成功的新产品推出 • 一个新的未决的“大”（但不是“非常大的”）诉讼 • ……	(50) (30) (20) (20) (20) ……
3	• 竞争增加——一个新的市场进入者 • 失去高层客户 • 资产基数减少 10% • ……	(40) (30) (20) ……

压力测试

压力测试评估那些具有极端影响的事项的影响。压力测试不同于情景分析，因为压力测试集中关注的是单个事项或活动在极端情况下的一个变化产生的直接影响，这与情景分析集中关注一个更正常规模的变化相反。压力测试一般被用作概率度量方法的补充，来分析那些通过与概率技术一起使用的分布假设可能没有充分捕获到的低可能性、高影响事项的结果。与敏感性分析类似，压力测试通常用来评估经营事项或金融市场活动中各种变化的影响，目的是避免大的意外和损失。例如，压力测试包括估计下列事项迅速和大规模变化的影响：

- 产品生产缺陷的增加；
- 外汇汇率的变动；
- 衍生工具所基于的一个基础因素价格的变动；
- 固定收益投资组合价值的利率增加；
- 影响一家生产厂家运营成本的能源价格提高。

对标

一些公司使用对标技术从可能性和影响方面来评价一个特定的风险，从而，管理层寻求提高其风险应对决策以降低可能性或影响。基准数据能使管理层根据其他组织的经验了解风险的可能性或影响。对标也用于经营过程中的活动，以识别过程改进的机会。

基准包括：

- 内部的——把一个部门或子公司的度量与同一主体的其他部门或子公司进行比较；
- 竞争的或行业的——在直接竞争者或具有类似特征的更广泛的公司群的度量之间进行比较；
- 同类最佳——在跨行业的公司里寻找相似的度量。

专栏5—11介绍的是一个竞争的或行业基准的例子，它描述了与同等组内损耗有关的事项的影响。

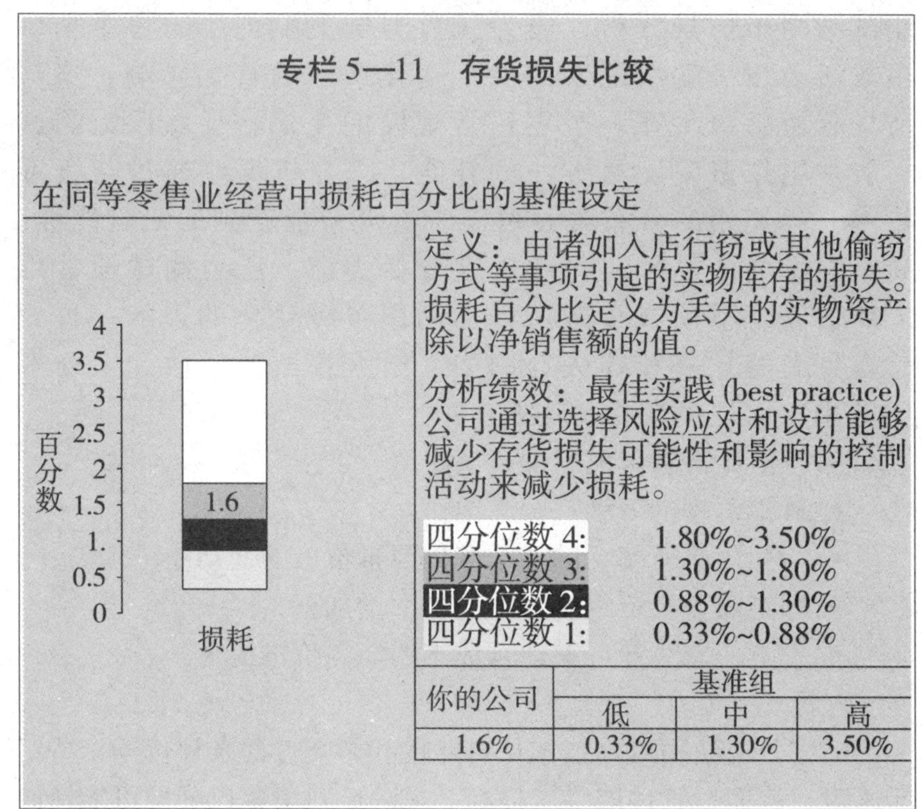

专栏 5—11　存货损失比较

在同等零售业经营中损耗百分比的基准设定

定义：由诸如入店行窃或其他偷窃方式等事项引起的实物库存的损失。损耗百分比定义为丢失的实物资产除以净销售额的值。

分析绩效：最佳实践 (best practice) 公司通过选择风险应对和设计能够减少存货损失可能性和影响的控制活动来减少损耗。

四分位数 4:　1.80%~3.50%
四分位数 3:　1.30%~1.80%
四分位数 2:　0.88%~1.30%
四分位数 1:　0.33%~0.88%

你的公司	基准组		
	低	中	高
1.6%	0.33%	1.30%	3.50%

风险和资金分布

一些组织，尤其是金融机构，要估计经济资本。一些公司用这个术语指的是弥补财务风险所需要的资金数额。其他人使用它有些不同，将它作为按照计划经营企业所需要资金的一种度量。管理层在战略制定、资源分配和绩效衡量时用到它。专栏 5—12 给出了一个例子。

专栏5—12 使用经济资本

一家银行用“经济资本”来估计需要的股票数量。它表示在一个给定的置信水平和给定时期内所需要的股票资本水平。例如，银行采用95%的置信水平和两年的期间来确定其经济资本需求。在考虑了市场、信用、经营和固定资产风险，模拟其预期收益分布之后，管理层确定其经济资本需求为12 063.8万美元，如下图所示：

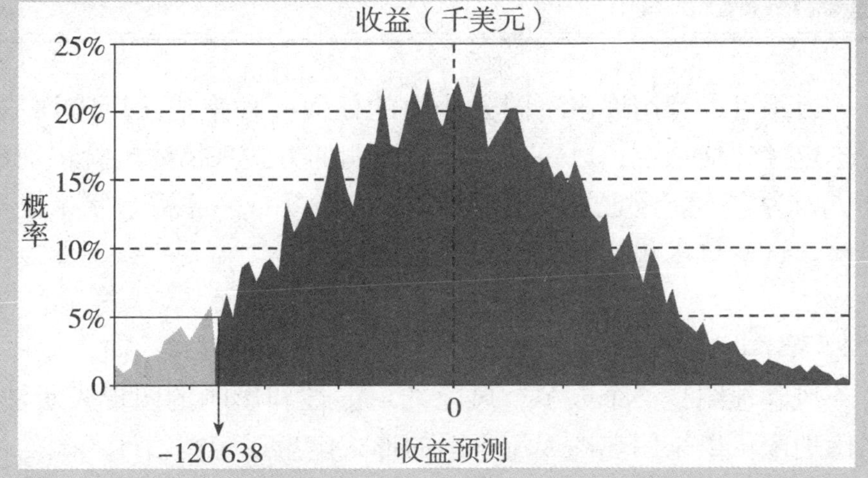

该家银行认识到经营风险度量方法缺少精确性以及95%置信水平以外的风险，采取的政策是在其经济资本需求之上建立一个额外的“资本缓冲”，以进一步确信计算出的经济资本余额是充足的。

银行也把经济资本和“账面资本”间的关系作为战略决策中的路标。当账面资本减去资本缓冲小于需要的经济资本时，管理层要注意它是否应当：

- 压缩（scale back）某些业务活动；
- 筹集更多的权益资本；

- 降低它在贷放、投资或经营活动中的风险头寸。

当账面资本减去资本缓冲大于需要的经济资本时，管理层要考虑以下机会：

- 将其业务扩张到新产品或新市场；
- 在其贷放、投资或经营活动中采取更高的风险头寸；
- 把资本归还给股东。

描绘风险评估

组织可以利用许多不同方法中的任何一种来描绘风险评估。对于定性评估来说，以一种清晰而简明的方式来描绘风险特别重要，因为它不能像定量技术那样以一个数字或一系列数字来概括风险。这些技术包括风险地图和数值表示。

风险地图

风险地图是一个或多个风险的可能性和影响的图形表示法。风险地图可以采用热图或流程图的形式定量或定性估计风险的可能性和影响。风险的描述方式要突出哪些风险是更重要的（较高的可能性和/或影响）和哪些风险是不重要的（较低的可能性和/或影响）。依据详细水平和分析深度，风险地图既可以表示整体预期的可能性和/或影响，也可以包括可能性和/或影响的可变性的一个要素。下面风险地图的例子描述了与保持高绩效员工的目标有关的风险评估。

专栏 5—13 例示了一个热图，用颜色代表风险水平（可能性和影响），黑色表示高风险，白色表示中等风险，灰色底纹表示低风险。

专栏5—13 热图

一家公司评估维持高质量的劳动力目标所面临的风险。可能性用给定期间的离职百分比来评价，影响用运行低效率的成本和替换、重新培训以及开发雇员的成本来评价。颜色编码突出显示了那些最可能发生和最可能对目标产生重大影响的风险。

	主题	风险描述	可能性	影响
A	报酬	员工对报酬不满意导致更高的离职率	可能的	中
B	认可	员工感觉不被认可，导致对工作的关注降低以及更高的错误率	不太可能的	较小
C	裁员	员工被过度使用以及工作严重超时。职员离开以寻求在提供更好工作或生活平衡的其他公司工作	很可能的	中
D	人口统计状况	员工人口组成的变化导致职员离职率提高	几乎确定的	中
E	就业市场	招聘公司增加了对公司员工的需求量	不太可能的	中
F	绩效评价	员工不满意绩效评价的方法和程序导致士气低落、员工关注非重要目标、员工流失对公司来说感觉是雇主的选择。	可能的	中
G	沟通	员工和管理层之间沟通低效率导致听到的是混合信息以及追求可替代的工作	可能的	中
H	工作场所安全性	不安全的工作场所导致员工受伤以及受伤员工和其他担心安全问题的人辞职	不太可能的	重大
I	职业发展	员工感觉他们的职业发展受到限制，导致更高的离职率	可能的	中
J	工作多样性	员工不满意工作变化导致机械的执行、主要过程中更高的错误率以及追求公司外更有趣的工作机会	可能的	中

这些相同的风险可以用一个矩阵风险地图来描述，横轴表示可能性，纵轴表示影响，如专栏 5—14 所示。因为它提供了更多的信息，管理层能更容易地优先考虑需要注意的地方。

专栏 5—14　可能性和影响平均值的风险地图

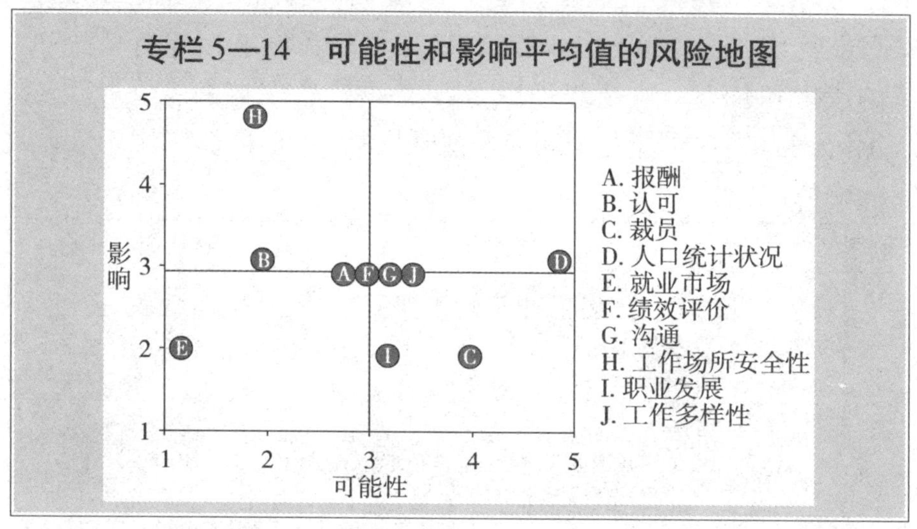

专栏 5—15 提供了同样的基本信息，但是更深入。它提供了关于风险可能性和影响的可变性的信息，为管理层提供了看待风险的另外视角。

专栏 5—15　展示可能性和影响可变性的风险地图

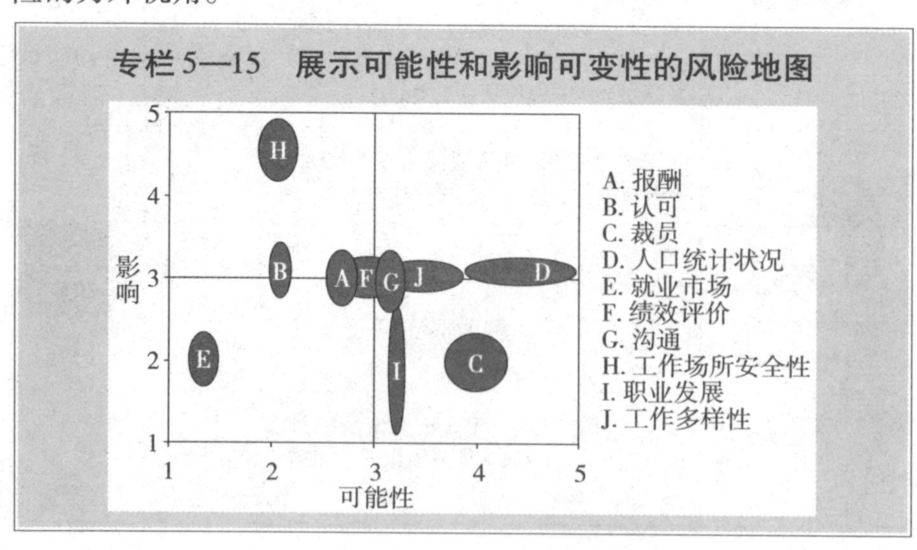

数值表示

根据业务环境的不同，风险的定量度量可以采用货币数或百分比表示，也可以用特定的置信区间表示，如95%或99%的置信度。专栏5—6展示了一个带有风险价值度量的数值表示的例子。专栏5—10展示了另一个例子，即应用情景分析方法度量增加的股东价值。专栏5—16展示了另一个例子，即说明了与客户集中有关的风险。在这个专栏里，最大的客户按照地区划分，提供关于区域性风险的信息。

专栏5—16 根据客户进行的收入分析

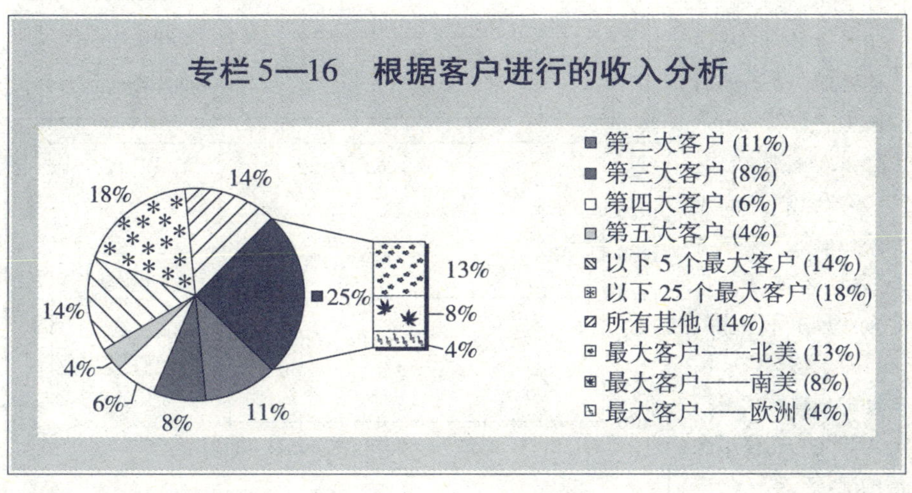

主体层次的视角

作为风险评估的一部分，管理层可以利用业务单元的风险评估或采用前面描述的技术实施一次单独评估，以形成一个主体层级的风险概况（risk profile）。总体的风险评估可以采用总计风险度量的方式，在这种方式中基本风险度量是同一类型的，而且要考虑风险之间的相关性。另一种总计风险度量方法是把有关但不同的风险度量转化成一个通用的度量单位，如专栏5—17所示。

专栏5—17 多业务单元度量对单一主体层次度量的影响分析（每股收益）

这个公司在其各个部门内用为部门设立的度量单位（设备可用性、客户付款拖欠和人员配备水平）来评价风险影响。这些内容描绘在右面的图中。管理层用主体的每股收益（EPS）来评价风险，如第一个图中所示，在这里，每个业务单元影响的度量根据对每一活动的预算贡献或损失转化为主体层次的度量。第一个图中的虚线表示每股收益风险容忍度上限和下限。

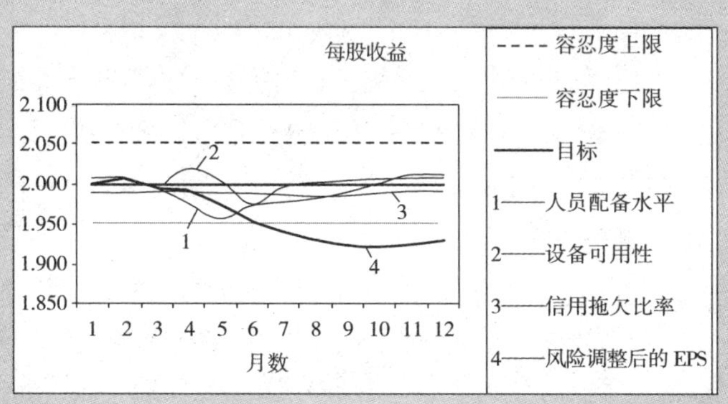

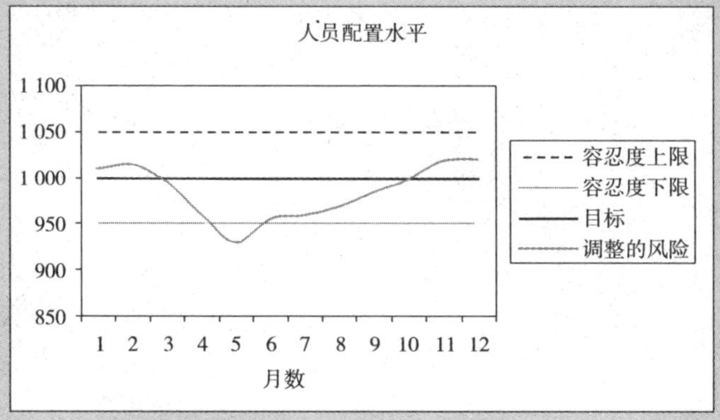

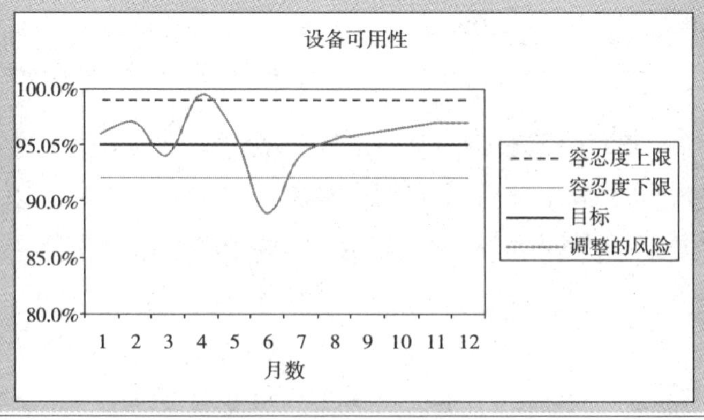

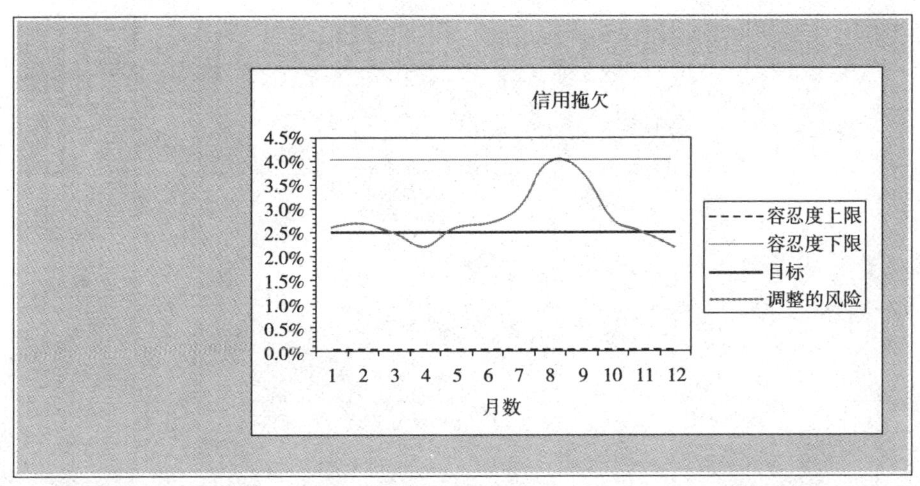

如果不能直接总计风险度量，为了便于得出结论和做出决策，一些管理层发现在汇总报告中编辑度量是很有用的。在这些案例里，尽管不是直接总计度量，但管理层主观地把这些风险置于相同的定性或定量尺度上来评价可能性和多个风险对单个目标的影响或单个风险对多个目标的影响。

例如，一家公司的管理层估计几个不同事项对 EPS 的影响，如专栏 5—18 所示。在这个专栏中，外汇汇率降低 100 个基点对业务单元的影响在主体层次上是自然抵消的，所以，一个或多个业务单元采取的任何管理外汇风险的措施在总体上可能对主体产生相反的影响。利率增加 100 个基点的影响在主体层次上仅部分抵消，从而，管理层要在一个或多个业务单元或在主体层次上对这个风险做出反应。同样，对与原料价格波动和悬而未决的工会谈判有关的风险来说，管理层要确定在何处和如何做出反应，以把风险保持在主体层次的风险容限之内。

专栏 5—18 对贯穿业务单元的多个风险的影响分析（除 EPS 外，单位为千美元）

目标：实现一贯的收益增长

风险		公司	部门 1	部门 2	部门 3	主体
		业务单元贡献	业务单元贡献	业务单元贡献	业务单元贡献	每股收益（美元）
当地货币相对于美元降低 100 个基点	影响	（1 000）	600	300	100	0.00
	可能性	20%				
利率增加 100 个基点	影响	（750）	1 600	800	100	（0.035）
	可能性	20%				
原料价格提高 10%	影响	—	10 000	5 000	5 000	（0.40）
	可能性	—	20%	30%	15%	
悬而未决的工会谈判使生产停止 10 天以上	影响	—	5 000	0	1 000	（0.12）
	可能性	—	10%	0%	25%	

另一家公司的管理层评价单个事项对多个目标的影响，如专栏 5—19 所示。使用在专栏 5—18 中提到的一个风险——工会谈判使生产停止 10 天以上——管理层评价它对多个目标的影响。

专栏 5—19 贯穿业务单元的单个风险的影响分析

风险：悬而未决的工会谈判使生产停止 10 天以上

目标		部门 1	部门 2	部门 3	主体
	可能性	10%	0%	25%	
保持权益资本 15% 的收益	度量单位	生产小时数	生产小时数	生产小时数	每股收益(美元)
	影响	-50 000	0	-10 000	-0.80
增加我们在欧洲的市场份额	度量单位	—	业务单元贡献	—	每股收益(美元)
	影响	—	-500	—	-0.45
增加每一销售代表的年销售额	度量单位	售出数量	售出数量	售出数量	每股收益(美元)
	影响	-50 000	0	-10 000	-0.30
提高员工生产力	度量单位	产量计量单位	产量计量单位	产量计量单位	每股收益

风险：悬而未决的工会谈判使生产停止 10 天以上

目标		部门 1	部门 2	部门 3	主体(美元)
	可能性	10%	0%	25%	
	影响	-25 000	0	-5 000	-0.05

6 风险应对

框架章摘要

在评估了相关的风险之后，管理层就要确定如何应对。应对包括风险回避、降低、分担和承受。在考虑应对的过程中，管理层评估对风险的可能性和影响的效果，以及成本效益，选择能够使剩余风险处于期望的风险容限以内的应对。管理层识别所有可能存在的机会，从主体范围或组合的角度去认识风险，以确定总体剩余风险是否在主体的风险容量之内。

本章举例说明了在风险应对中使用的一些技术，包括评估与风险容限相关的风险应对备选方案、评估应对备选方案的成本和收益以及考虑组合观的过程中所用技术的一些例子。

风险应对：回避、降低、分担、承受

对于重大风险，主体通常从一系列应对方案中考虑潜在的应对。专栏 6—1 给出了回避、分担、降低和承受等风险应对措施的例子。

专栏 6—1　根据风险应对类型的风险应对说明

回避	分担
• 处置一个业务单元、生产线、地域性部门 • 确定不参加会产生风险的新方案或活动	• 给重大意外损失投保 • 参加合资或合伙 • 签订企业联合组织协议 • 通过资本市场工具防范（hedging）风险 • 外包业务流程 • 通过合同协议与客户、卖主或其他商业伙伴分担风险
降低	**承受**
• 多样化的产品提供 • 设立经营范围 • 建立有效的经营过程 • 加强对决策制定的管理参与，监控 • 调整（rebalance）资产组合以降低特定类型损失的风险 • 在经营单元间重新分配资本	• “自我保险”防范损失 • 依靠组合中的自然抵消 • 承受已经符合风险容限的风险

完成其风险应对措施后，管理层可以对单个风险和应对措施以及它们与相应容限的一致性有一个看法，如专栏 6—2（建立在专栏 5—1 的基础上）所示。

专栏 6—2　连接目标、事项、风险评估和风险应对

<table>
<tr><td>经营目标</td><td colspan="5">• 在所有生产部门雇用 180 名合格的新员工以满足客户需求，而不造成人员过剩
• 保持每 1 美元订单 22% 的员工成本</td></tr>
<tr><td>目标度量单位</td><td colspan="5">雇用的合格新员工数</td></tr>
<tr><td>容限</td><td colspan="5">165 ~ 200 名合格新员工，每 1 美元订单的员工成本在 20% ~23% 之间</td></tr>
<tr><td rowspan="2">风险</td><td colspan="2">固有风险评估</td><td rowspan="2">风险应对</td><td colspan="2">剩余风险评估</td></tr>
<tr><td>可能性</td><td>影响</td><td>可能性</td><td>影响</td></tr>
<tr><td>可用的合格候选人数量减少</td><td>20%</td><td>雇用员工减少 10% →18 个空缺职位</td><td>适当地与第三方雇用中介签订合同以提供候选人</td><td>10%</td><td>雇用员工减少 10% →18 个空缺职位</td></tr>
<tr><td>在我们雇用过程中无法接受的可变性</td><td>30%</td><td>由于拙劣的候选人筛选导致雇用员工减少 5% →9 个空缺职位</td><td>每两年对雇用过程实施一次审核</td><td>20%</td><td>由于拙劣的候选人筛选导致雇用员工减少 2% →4 个空缺职位</td></tr>
<tr><td>根据风险容限调整</td><td colspan="5">预计使公司在风险容限之内的应对措施</td></tr>
</table>

考虑风险应对

与评估固有风险一样，剩余风险可以定性或定量地评估。通常，评估固有风险中使用的同样方法也用于评估剩余风险。专栏 6—3 例示了一家公司采用的方法。

专栏6—3 风险应对对剩余风险的影响

战略目标	扩大与“健康猫”食品有关的产品供应				
经营目标	通过引入一种新的“健康猫”产品创造一年（year - one）3 000万美元的收入				
度量单位	来自新产品的收入				
风险容限	2 500万~3 500万美元的新收入				
风险	固有风险		风险应对可选择的方案	剩余风险	
	可能的	对来自新产品的收入的影响		可能性	影响
竞争者的产品首先上市	40%	（1 000万美元）	A——向研发和生产部门提供追加资金以在接下来的90天内让产品上市	20%	来自新产品的收入减少15%（450万美元）
			B——不为了首先上市采取特别措施	40%	（1 000万美元）
市场对这种新产品的接受比市场调查显示的结果慢	25%	（1 500万美元）	C——与一个既有的第三方推出联合商标产品	20%	来自新产品的收入减少10%（300万美元）
			D——引导市场测试；相应地修改营销方法	15%	来自新产品的收入减少15%（450万美元）
			E——不为了确保市场采取措施	25%	（1 500万美元）

对于某些风险，为了满足其风险容限管理层可以依靠多种技术来减少总体剩余风险。专栏 6—4 例示了一家公司如何使用多种风险应对技术降低不遵循当地政府的环境法律和法规带来的风险。在这个例子里，管理层没有对所选择的每个风险应对的影响进行评价，但评价了它们合起来的影响以确定剩余风险。

专栏 6—4 多重风险应对

<table>
<tr><td>合规目标</td><td colspan="5">根据所有相关的环境法律和法规向公司房屋使用杀虫剂</td></tr>
<tr><td>度量单位</td><td colspan="5">合规率</td></tr>
<tr><td>目标</td><td colspan="5">100% 合规</td></tr>
<tr><td>风险容限</td><td colspan="5">98% ~100%</td></tr>
<tr><td rowspan="2">风险</td><td colspan="2">固有风险</td><td rowspan="2">选择的风险应对</td><td colspan="2">剩余风险</td></tr>
<tr><td>可能性</td><td>影响</td><td>可能性</td><td>影响</td></tr>
<tr><td rowspan="3">在禁止的区域里喷洒杀虫剂</td><td rowspan="3">中等</td><td rowspan="3">罚款、制裁、声誉损害</td><td>在公司所有场所使用的杀虫剂都通过设备部门协调分配</td><td rowspan="3">低</td><td rowspan="3">罚款、制裁、声誉损害</td></tr>
<tr><td>在使用杀虫剂 72 小时之前，由所有场所的人完成网络形式的通知，说明主要细节</td></tr>
<tr><td>清晰地标记所有禁止的区域</td></tr>
</table>

成本与效益

实际上每个风险应对都会产生一些直接或间接的成本，这些成本要对照它创造的收益来衡量。设计和实施一个应对（过程、人和技术）的初始成本要考虑，维持持续应对的成本也要考虑。成本和相应的收益可以定量或定性地度量，使用的度量单位通常与确定相关目标和风险容限所使用的一致。成本—收益分析如专栏 6—5 所示。

专栏 6—5　评估备选的风险应对的成本和效益

一家汽车行业的供应商制造铝悬吊模型。这个供应商和贴牌制造商（OEM）是“串联”的关系，它的绝大部分收入是通过 OEM 产生的。这个 OEM 按照惯例总是在生产周期末调整预期的需求量，调整的平均幅度为 20%，这给供应商的生产和进度安排活动造成了高度的不确定性。如果 OEM 在生产周期末没有较大地调整需求量，供应商就能够通过为其他客户增加产品的生产而提高工厂的利用率，从而提高盈利能力。供应商试图优化工厂利用的进度安排和产能规划，以实现每月平均 95% 的利用率。管理层评估了目标面临的最重要风险——OEM 实际需求的高度不确定性——并评估了以下风险应对的成本和收益：

A　承受——承受不得不对 OEM 的需求后期发生变化做出应对所发生的成本，考虑其在 OEM 关系的约束下生产并把产品销售给其他客户的程度。

B　回避——退出与 OEM 的关系，并与提供更稳定需求的新客户建立关系。

C　分担——协商修改当前的合同，规定一个“接受或支付”的条款，确保一个确定的退货率。

D　降低——安装一个更复杂的预测系统，分析外部因素（如有关消费者预算的公开信息、OEM 和代理商的存货）和内部因素（过去如来自不同来源的订单）以更好地规划来自所有客户的实际需求量。

下面的表比较了这些风险应对的成本和收益。成本主要涉及供应链管理、市场营销、信息技术和合法职能。收益用目标的度量单位——工厂利用率——和对目标息税前收益（EBIT）的最终影响来表示。

应对		成本	描述	收益
A	承受	75 万美元	产生更多客户所需要的营销或销售努力和增加的运输成本，75 万美元	管理层预计它能向其他客户增加 2% 的销售量，使利用率提高到 82% 对 EBIT 的影响：增加 125 万美元
B	回避	150 万美元	由于较小的客户支付少于溢价导致单价降低 2%	市场营销的努力使得利用率为 97% 对 EBIT 的影响：增加 156 万美元
			识别、赢得和维持新客户所需员工的薪金成本增加 75 万美元	
			由大量的供应商引起的外运后勤成本增加 25 万美元	
			协商和达成新协议的法律费用为 50 万美元	
C	分担	35 万美元	由于 OEM 对“接受或支付”关系性质做出反应，增加压力导致单价降低 5%	新合同使得利用率为 99% 对 EBIT 的影响：增加 10 万美元
			协商和修改合同协议的法律费用为 25 万美元	
			改进数据共享、预测和计划所需费用为 10 万美元	
D	降低	105 万美元	由于较小的客户不支付溢价而导致平均单价降低 1%	改进的预测为赢得 98% 的利用率所需的可选客户提供了充足的时间 对 EBIT 的影响：增加了 317 万美元
			购买新软件需要 50 万美元	
			新软件培训需要 5 万美元	
			增加预测和分析需要 50 万美元	

根据这一分析以及考虑到每一方案的可能性和结果的可持续性，管理层决定采用 D 应对策略。

剩余风险组合观

通过对各个单元风险的了解，一家企业的高级管理层能够很好地采取组合观来确定主体的剩余风险和与其目标相关的总体风险容量是否相称。

一个风险组合观可以用许多方式中的任何一种方式来描述。专栏6—6 例示了一家公司如何评估贯穿组织的风险。事项的可能性用发生频率表示，潜在的影响用一个单一主体度量单位——经营收益来表示。

专栏6—6　剩余风险组合观

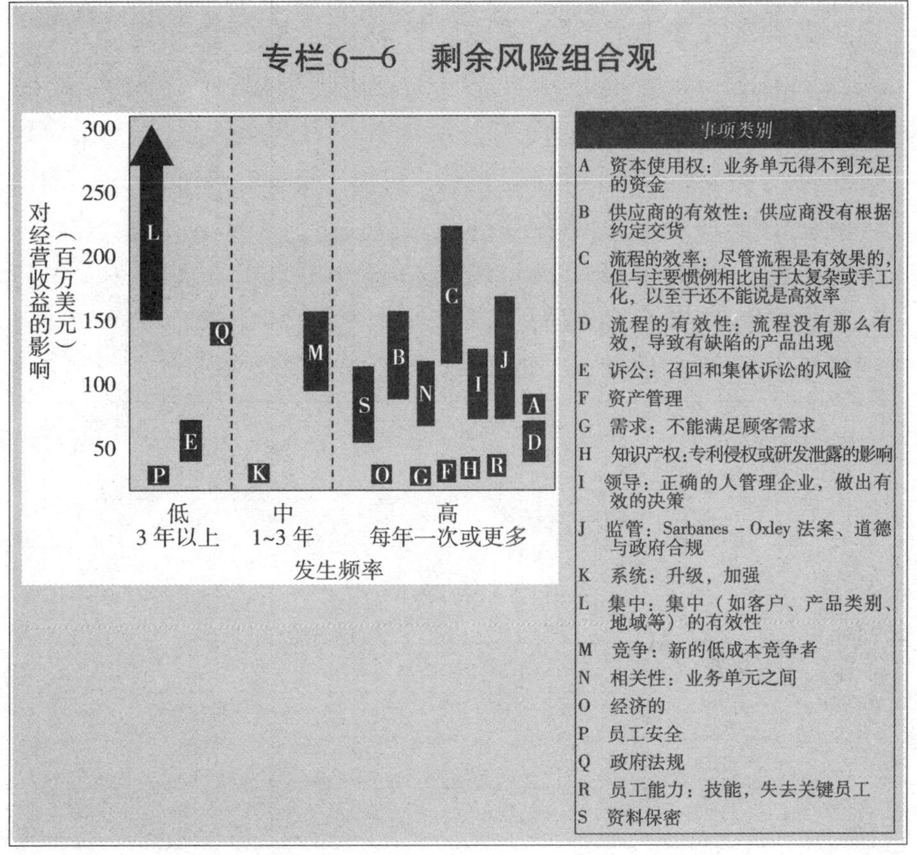

专栏6—7举例说明了一家公司的业务单元的管理人员如何按照业务单元贡献设定与他们的经营有关的目标、风险容限和绩效计量方法。此时，业务单元的风险评估是作为一个组合观提出的，使主体层级的管理人员能够根据目标用与主体整体相关的每股收益考虑单元的风险。

专栏6—7　剩余风险组合观

一家生产和经销个人休闲用可充气橡皮船的公司总部设在南加州，并有两个业务单元，一个在南卡罗莱纳州，一个在俄勒冈州。公司评估了其主要风险：利率的变动，它会直接关系到客户对其产品的需求；原材料价格的意外提高；工人停工的潜在性。管理层评估了这些风险，制定了风险应对措施，按照每股收益形成了组合观。一些风险应对措施，如旨在降低变动利率影响的套期保值计划和旨在降低工人停工可能性的谈判策略，要在主体层次上进行协调和实施。其他应对措施，如为了降低原材料价格意外提高的可能性和影响而决定签订长期合同和为了降低工人停工的影响而把生产计划重新分配给其他地区，要在地区的层次上实施。

<table>
<tr><td></td><td></td><td colspan="4">固有风险</td><td colspan="4">风险应对措施</td><td>剩余风险</td></tr>
<tr><td>风险</td><td></td><td>公司</td><td>俄勒冈州</td><td>南卡罗莱纳州</td><td>主体</td><td>公司</td><td>俄勒冈州</td><td>南卡罗莱纳州</td><td>主体</td><td></td></tr>
<tr><td></td><td>度量单位</td><td colspan="3">业务单元贡献(美元)</td><td>每股收益(美元)</td><td></td><td></td><td></td><td></td><td>每股收益(美元)</td></tr>
<tr><td rowspan="6">美国利率在随后的12个月里变动50、100和200个基点(BPS)</td><td>影响
-50BPS</td><td>100↑</td><td>80↓</td><td>38↓</td><td>0.10 net↓</td><td colspan="4" rowspan="3">降低——主体层次的套期保值计划</td><td>0.05↓</td></tr>
<tr><td>-100 BPS</td><td>200↑</td><td>160↓</td><td>75↓</td><td>0.20 net↓</td><td>0.10↓</td></tr>
<tr><td>-200 BPS</td><td>400↑</td><td>320↓</td><td>150↓</td><td>0.40 net↓</td><td>0.20↓</td></tr>
<tr><td>可能性
-50 BPS</td><td colspan="4">25%</td><td colspan="4" rowspan="3"></td><td>25%</td></tr>
<tr><td>-100 BPS</td><td colspan="4">10%</td><td>10%</td></tr>
<tr><td>-200 BPS</td><td colspan="4">4%</td><td>4%</td></tr>
</table>

续表

		固有风险(美元)				风险应对措施				剩余风险(美元)
原材料价格增加10%	影响	—	100↓	50↓	0.07↓	不详	降低——对原材料实施长期合同	承受——不采取旨在改变主要材料潜在价格变动的措施	不详	0.05↓
	可能性	—	15%	20%		不详			不详	10%
	度量单位	损失的生产小时			每股收益(美元)					每股收益(美元)
悬而未决的工会谈判使生产暂停一周	影响	—	4 000	3 000	0.02	不详	降低——通过合作伙伴可以获得50%的产能	承受或降低——如果操作，40%的产能可以转移到俄勒冈州	不详	0.01↓
	可能性	—	15%	20%		不详	降低——管理团队制定的有效谈判策略成功地防止工人停工			5%

7 控制活动

框架章摘要

控制活动是帮助确保管理层的风险应对得以实施的政策和程序。控制活动的发生贯穿于整个组织，遍及各个层级和各个职能机构。它们包括一系列不同的活动，例如批准、授权、验证、调节、经营业绩审核、资产安全以及职责分离。

本章举例说明了控制活动如何支持风险应对以及控制活动本身如何充当风险应对。

与风险应对相结合

选定了风险应对之后，管理层就要确定用来帮助确保这些风险应对得以适当地和及时地实施所需的控制活动。

专栏7—1提供了控制活动如何与每一类型的风险应对（回避、降低、分担和承受）相结合的例子。

专栏7—1　风险应对和控制活动

- 风险回避——在寻求增加营业毛利的过程中，一家软件公司的管理层考虑把程序设计活动转移到一个劳动力成本较低的国家。在评估相关的风险之后，管理层确定这种转移超过了公司的风险容量，而且程序设计活动的订约必须只能在公司的祖国完成。为了有助于确保方针决策得以适当实施，修改了“新程序设计员”表格，使之包括了卖主经营的国家，这些信息由高级管理层进行审核和（电子）签字，作为选择程序员的依据。
- 风险降低——一家医院的管理层认识到电力供应的中断会对其保护病人健康和安宁的能力产生不利影响。管理层进行了风险应对，安装了备用发电机。为了有助于确保在需要时发电机能够运行，公司的工程部要进行日常维修，而且工程部的领导每月要审核维修记录。

- 风险分担——一家制造公司确定其工厂的长期停产将会严重影响实现其生产目标的能力。根据对公司的资本情况、风险容限以及与保险公司分担风险的成本进行的评估，管理层同意为损失产品的价值购买长达6个月的保险。为了有助于确保风险应对得以实施，首席风险官不但定期审查与保险公司的协议中议定条款和条件的遵守情况，而且定期审查公司的保险总额，并把遵守情况报告给首席运营官。
- 风险承受——一家公司的管理层把世界商品价格的变化视为一种风险。在评价风险的可能性和影响并考虑公司的风险容限之后，管理层决定承受这种风险。管理层制定了一项政策，由此财务部门每三个月正式地重新评估风险，并向管理委员会报告其是否应当采取套期保值策略的建议。

充当风险应对的控制活动

尽管控制活动一般是用来确保风险应对得以恰当实施的，但是对于特定的目标而言，控制活动本身就是风险应对。

在有些情况下，控制活动本身充当了风险应对。与报告目标相关的风险经常会发生这种情形。专栏7—2提供了一个例子。

专栏7—2 目标、风险、应对和控制活动之间的关系

<table>
<tr><td>报告目标</td><td colspan="5">资产取得和发生的费用完整地（C）和准确地（A）进行了会计处理，并且它们是合法的或发生的（V）</td></tr>
<tr><td>度量单位</td><td colspan="5">检测到的财务报表误差，用美元度量</td></tr>
<tr><td>目标</td><td colspan="5">每月财务报表中的误差低于10万美元</td></tr>
<tr><td>容限</td><td colspan="5">误差低于11万美元</td></tr>
<tr><td rowspan="2">风险</td><td colspan="2">固有风险评估</td><td rowspan="2">风险应对</td><td colspan="2">剩余风险评估</td></tr>
<tr><td>可能性</td><td>影响</td><td>可能性</td><td>影响</td></tr>
<tr><td>销售发票金额记录不正确</td><td>可能</td><td>较小
5 000 ~
15 000（美元）</td><td rowspan="3">见下面充当这些风险应对的控制活动</td><td>不可能</td><td>较小
2 500 ~
7 500（美元）</td></tr>
<tr><td>在月底截止前没收到销售发票</td><td>几乎确定</td><td>中等
10 000 ~
25 000（美元）</td><td>可能</td><td>较小
2 500 ~
7 500（美元）</td></tr>
<tr><td>既从报表又从发票向卖方付款，导致重复付款</td><td>可能</td><td>较小
5 000 ~
15 000（美元）</td><td>不可能</td><td>较小
5 000 ~
7 500（美元）</td></tr>
<tr><td>控制活动</td><td colspan="5">• 资产取得和费用处理要受到程序化审核或有效性检查，它们包括：
——采购数据（采购单编号、金额等）依据特定的文件或表格进行验证（A）
——测试主要区域的空白、字母、特定范围内的数值（如采购数量）、缺失的数据元素（如付款日期）、程序化检验数字（如卖方编号）（A）
——实施合理性测试，根据特定的标准（例如，把营业税税率与根据卖方的邮政编码确定的州税率进行比较）比较两个或多个不同区域的数据输入（A）
——审核检查（edit checks）比较主要数额与表格，以确保输入数据在为每一用户或每类用户设定的限度内（例如，付款数额与核准的电子支付限度比较）（A）
——审核检查（edit checks）把卖方的姓名或编号和发票号码与文档上的相应内容进行比较以确保有效的卖方并检测重复的付款（V）
• 在进行进一步处理之前，所有付款业务的输入要与原始购货订单的细目进行比较（A）
• 付款数额（包括电子支付业务）要由负责原始付款信息的工作人员以外的人在屏幕上审核（A，V）
• 工作人员把每批或每系列的在线交易与系统审核或处理报告协调起来（A，C）
• 生成例外报告，列示大额或异常的项目（如金额超过10万美元），然后将其单独与输入文档进行比较（A）
• 例外报告列出那些悬而未决超过30天的不匹配购货订单，然后进行追踪（C）
• 由一个独立的高级职员（official）自动报告和检查为用户设定的系统参数（如权限）的变化（A，C，V）
• 自动报告用户对系统警报的撤销，进行独立的核对（A，C，V）</td></tr>
</table>

专栏 7—3 提供了另外一些控制活动的例子，这些控制活动也可以是风险应对。

专栏 7—3 作为风险应对的控制活动

- 为了确保养老金债务和费用在财务报表中得到适当地报告，管理层审核公司的人口数据和保险精算师使用的方法和假设，并把保险精算师报告里的数额与财务报表和相关脚注里的数额进行比较。
- 为了有助于确保一家公司每月进行的所得税汇款遵守法规，一个电子的到期票据登记簿提示员工税款申报的到期日，而且由一个监察员及时核实汇款。
- 为了有助于确保总分类账系统间的电脑接口运行以完成完整和准确的处理，要把辅助系统的交易总额与总分类账控制账户中的余额以及报告的任何差异进行比较，并进行追踪。
- 为了有助于将存货损失减到最少，仓库监管员在发送货物之前要审查和核准转移单据。
- 为了有助于确保只有那些经过测试并认可的程序才可以从测试转移到产品库，只有在完成测试的基础上并得到 IT 和用户线路（user line）或部门经理的批准和授权的基础上才能进行转移。

8 信息与沟通

框架章摘要

有关的信息以保证人们能履行其职责的形式和时机予以识别、获取和沟通。信息系统利用内部生成的数据和来自外部渠道的信息，以便为管理风险和做出与目标相关的知情的决策提供信息。有效的沟通会出现在组织中向下、平行和向上的流动。全部员工从高级管理层那里收到一个清楚的信息：必须认真担负起企业风险管理的责任。他们了解他们自己在企业风险管理中的职责，以及个人的活动与其他人员的工作之间的联系。他们必须具有向上沟通重要信息的方法。与外部方面——例如客户、供应商，监管者和股东——之间也要有有效的沟通。

本章举例说明了如何获取信息、信息如何在组织里流动以及信息如何被应用并提供以支持企业风险管理，也举例说明了那些对支持有效企业风险管理的沟通起促进作用的技术。

信息

一个组织中的各个层级都需要信息，以便识别、评估和应对风险，以及从其他方面去经营主体和实现其目标。

在制定战略和目标、识别事项、分析风险、确定风险应对的过程中以及另外实施企业风险管理和执行管理活动的过程中要获取和分析来自外部的信息和内部产生的信息。专栏8—1（取自《〈内部控制——整合框架评价工具〉参考手册》，引自M. E. Porter的《竞争优势》）广义而概括地描述了支持一个主体的持续管理活动所需要的信息流入、流出及在主体内的流动。有关信息流的更多细节见《〈内部控制——整合框架评价工具〉参考手册》。

专栏 8—1 一般企业模型——上下层次

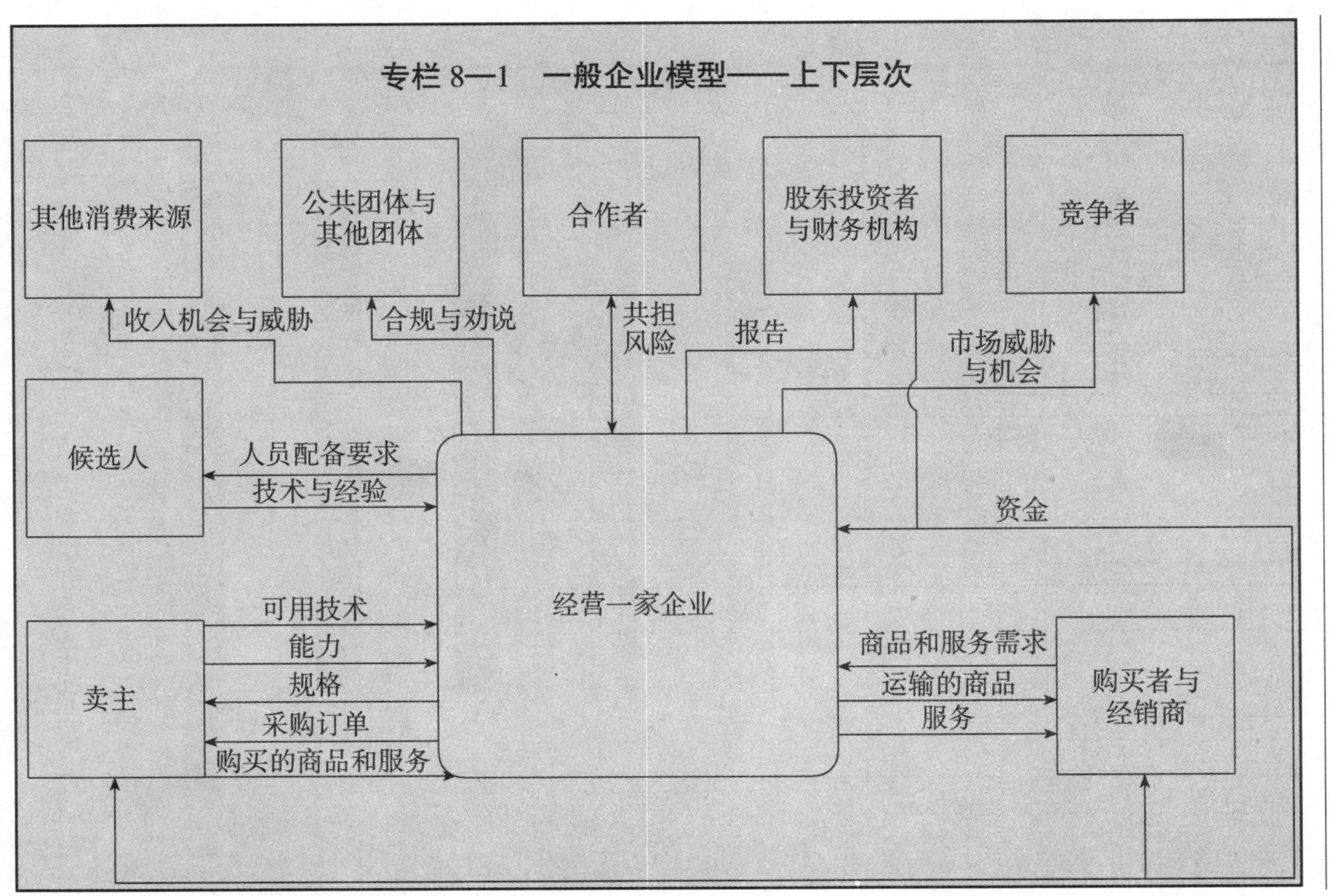

除了流入组织及组织内的信息流，还有企业风险管理要素内在活动之间的信息流。专栏 8—2 说明了这些信息流程如何被概念化的。

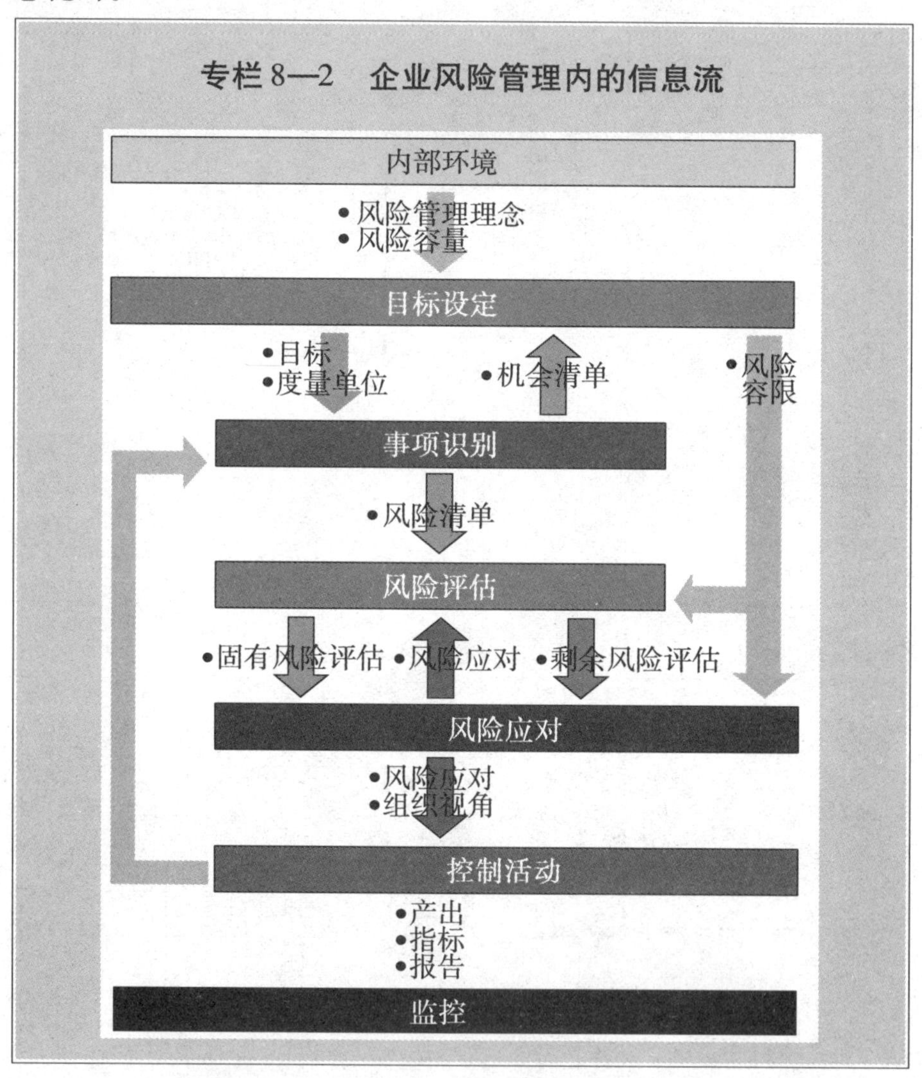

技术用来提高信息过程的效果和效率。专栏 8—3 例示了一家公司如何运用信息技术支持事项识别过程中及时地使用信息。

专栏8—3 信息技术在事项识别中的使用

作为事项识别过程的一部分，一连串汽车特许经销商定期查看主要的报纸、商业出版物和商业杂志以追踪竞争者前景的变化。这个过程最初是人工完成，如下面加黑点的第一条所述，后来是自动的，如第二条所述。

- 一个研究员每日、每周和每月地查看挑选出的出版物的复制件，把信息提供给适当的管理人员进行分析，并形成相关报告。这些报告分给单元领导和其他人用于在风险评估过程中进行考虑。这个过程每周、每月和每季度通常需要24～48小时来完成。
- 公司现在订阅网上图书馆，从而研究员使用网络搜索引擎来识别相关信息，给信息加上“相关性”等级。对获取的信息进行分析，并把报告以电子文档形式分给负责的管理人员。包括人工分析在内，这个过程现在只需要几小时就能完成，并收集了更广泛的相关信息。

战略和整合系统

信息系统构造的设计和技术的取得是主题战略的重要方面，与技术有关的选择是实现目标的关键。

技术对信息在公司中的流动发挥着重要作用，这些信息包括与企业风险管理直接相关的信息。组织对支持企业风险管理的特定技术的选择通常反映了：

- 主体的企业风险管理方法和它的复杂程度；
- 影响主体的事项的类型；
- 主体的总体信息技术结构；
- 支持性技术的集中程度。

在有些组织里，由单元或职能分别管理信息，而其他组织则拥有整合的系统。专栏 8—4 例示了一家银行业公司的贷款发放和风险管理职能，这里信息是由职能单元形成，需要时与组织里其他单元共享。

专栏 8—4　贷款发放信息流

单个职能——市场营销、风险管理、法律和经营——各自被它们自己的技术所支持，它收集、保存和报告相关信息，然后在整个组织范围内共享。

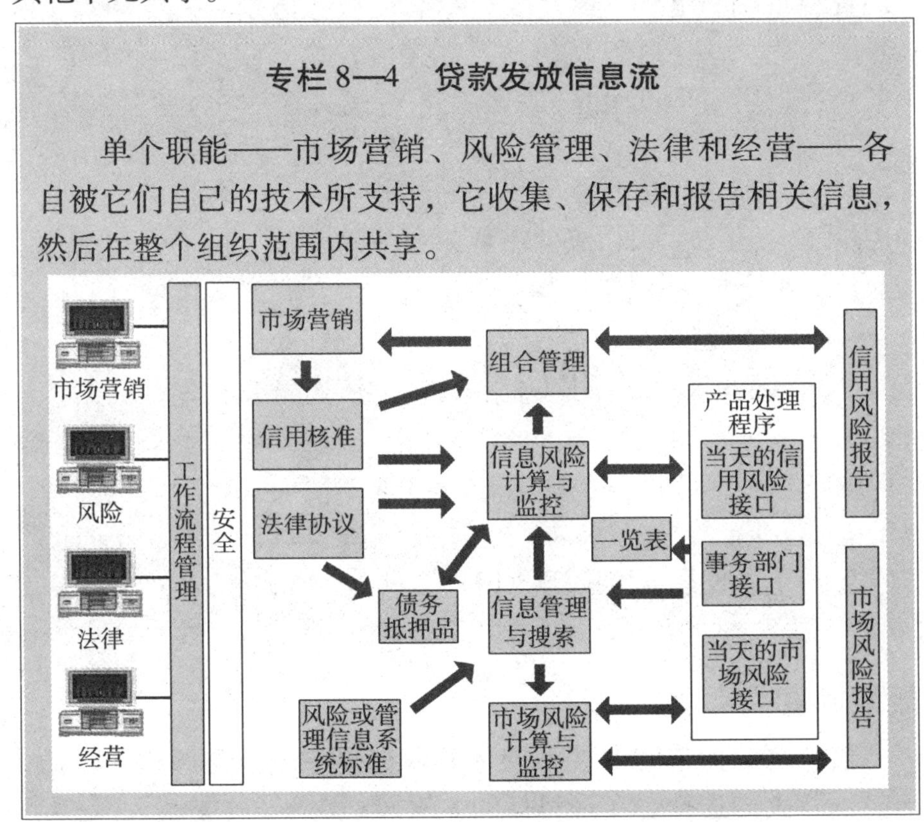

由于对风险管理所需信息的更多关注，一些组织已经增强了他们的技术结构以获得信息更大的连通性和可用性，有些组织使用因特网和数据交换能力。基于网络服务的信息战略使得实时信息的收集、保存，以及在单元和职能的分配成为可能，这通常会增强信息收集，更好地控制多种数据来源，使数据的人工处理减到最小，从而能够自动分析、检索和报告。

在一个开放的结构下，使用诸如 XBRL、XML 和网络服务等技术以便于数据在不同或独立系统之间的集合、转换和连通。XBRL 是“eXtensible Business Reporting Language”开头字母的缩写，是从 XML（eXtensible Markup Language）衍生出来的。XBRL 是为各种商业报告建立的一种开放的、免费的和基于因特网的信息标准。用 XBRL 标示数据，从而为它们提供了前后关系（context），这些前后关系属于这些数据并为不同软件辨别这些数据带来了一致的名字。

网络服务是公司范围内或公司之间的不同应用软件之间传送数据的网际协议。XBRL 与网络服务一起使用，便于不同平台和不同应用软件之间自动的信息交换，并使业务报告过程自动化。专栏 8—5 例示了 XBRL 和网络服务如何能够提高针对专栏 8—4 中确定的贷款处理活动的报告过程的效率。

专栏 8—5 系统的整合

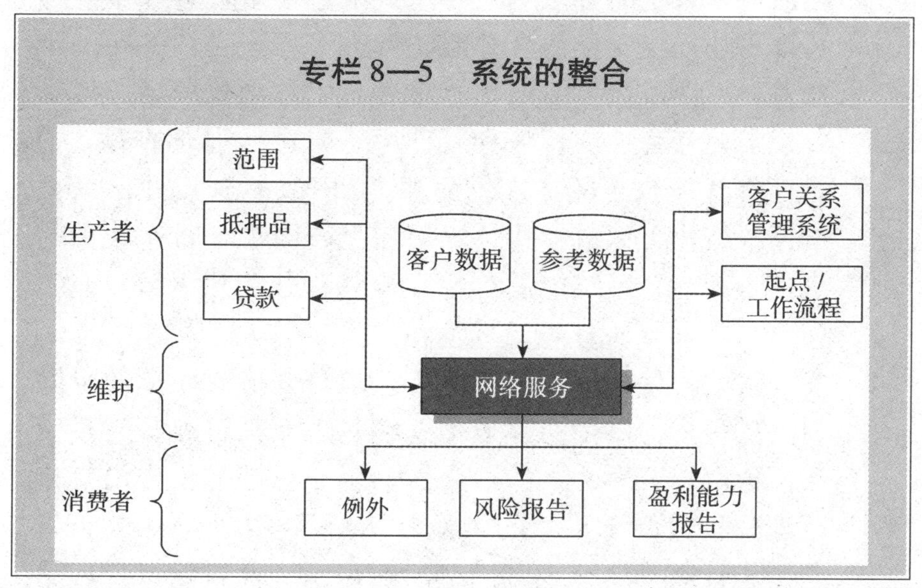

专栏 8—6 例示了两个组织如何应用 XBRL 和网络服务处理多个组成部分的要求和应用（leverage）跨职能的信息。

专栏 8—6 数据、系统整合

- 一家电信公司使用 XBRL 和网络服务来使其记账过程自动化。应用一种 XBRL 电信记账分类法，交易层次的数据从订货系统传递到供应和记账系统，并到达开具客户发票的位置。XBRL 使得记账系统能够通过 XBRL 总账标准化平台直接向公司报告系统提供信息。这个平台为财务交易的要素提供了预先设定的数据标志，使得公司能够代表诸如一项交易的各方、作为交易组成部分的所有资源（如供应、存货和其他资源）和所有相关事项（如交易是何时产生的、何时发出的、何时收到的以及何时进入系统的）等。这种审计痕迹使管理者和审计师可以迅速地核实任何合并层次（在一套设备内、在一个经营单元内或在主体层次）的信息。这个过程通过提供一个与监管者、债权人和其他第三方进行沟通的有效平台而降低了合规的成本。而且，XBRL 整合点任何一方的系统变化可以继续进行而对信息转换循环带来较少的破坏，因为新系统能够容易地理解和使用用 XBRL 充实（XBRL - enriched）过的信息。
- 另一家公司使用 XBRL 技术来获取与其应收账款的风险有关的更全面的信息。以前，经营单元报告那些超过货币限值的单个客户的应收账款，但是，综合报告没有包括那些稍微低于限值的风险。使用 XBRL，公司的报告包括了针对某一特定客户的所有风险，使得能够采取更快和更相关的管理行动。

一些组织不使用开放结构，而是开发包括数据仓库的专用系统，它生成了支持企业风险管理的主要的度量标准和方法。

与经营相结合

随着时间的推移，许多组织开发了非常复杂的信息技术构造以支持经营、报告和合规目标。在许多情况下，这些系统在正常经营过程中产生的信息是企业风险管理过程所必需的。

专栏 8—7 说明了企业风险管理中所使用的信息是如何成为经营过程的内在组成部分并与经营过程整合在一起的——在这种情形下，经营过程即是销售过程（组成部分的标题下列示的项目只包括相关信息的例子）。

信息的深度和及时性

数据搜集、处理和储存的进步已经导致数据量呈指数级的增长。有更多的数据——通常是实时的——可供组织里更多的人利用，挑战在于通过确保正确的信息以正确的方式、按合适的详细程度、在正确的时候流向正确的人，来避免“信息超载”。

专栏 8—8 说明了管理层在计划和实施技术基础结构时要考虑的信息需求。

专栏 8—7 贯穿销售过程的信息流

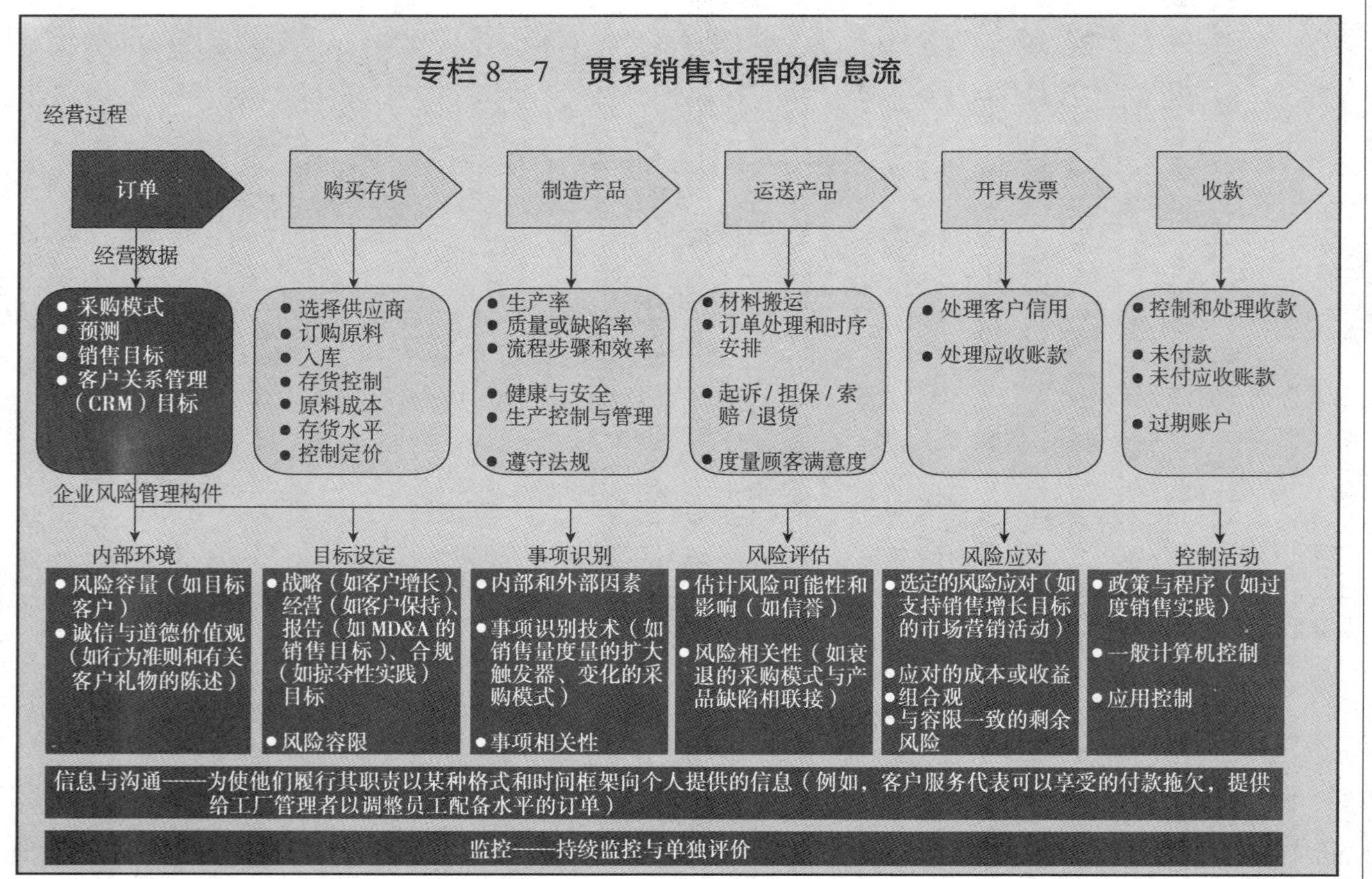

专栏 8—8 在确定信息需求时考虑的事项

- 企业主要的绩效指标是什么?
- 哪些主要风险指标提供一个潜在风险的自上向下视角?
- 监控需要怎样的绩效度量标准?
- 绩效度量标准需要怎样的数据?
- 需要什么粒度等级的信息?
- 信息需要以何种频率进行收集?
- 需要何种准确度或精确度?
- 数据收集的标准是什么?
- 从哪里以及如何获得数据（例如，从业务单元或经营区域，以电子方式或以手工方式)?
- 哪些数据或信息是来自现有的过程?
- 应如何建立数据库?
- 需要什么数据恢复装置?

许多组织已经建立了一种结构化信息管理方法。这种方法使管理人员能够识别信息的价值并按其重要性排序，开发有效的程序和适当的工具与方法，从而可靠地收集、存储和分配数据。专栏 8—9 例示了一家大型零售银行（retail bank）为支持市场风险管理而采用的一个信息管理程序的要素。

专栏 8—9 管理市场风险

一家大型零售银行的市场风险函数（function）追踪每天利率变动对组织造成的实际和潜在风险。在识别实施风险评估和确保银行处于其风险容限内所需信息的过程中，管理层在下列要素的背景下考虑信息:

首先

- 来源与收集——确定信息是如何从内部产生或外部获得的。在这个层次，要处理的问题有数据修改或转换的规则、提取方法以及选择标准。对市场风险函数来说，数据来源于多个内部系统（包括事务部门、交易处理系统和市场风险限制系统）和外部来源（包括来自市场数据提供者的比率）。数据是通过每个来源的自动接口收集的。
- 处理与分析——确定信息一旦生成如何保存。在这个层次，要履行数据完整性、数据质量和数据清除的职责。市场风险函数的数据用市场风险模型处理后以计算风险。管理层分析最后得出的信息，根据预先设定的风险容量和市场风险限度评价组织的风险。
- 报告——确定信息如何传递给最终用户。在这个层次，要处理的问题有数据集合标准、权限考虑以及信息是否以原始形式或标准或可定制的报告进行传递。在这种情况下，系统向基层管理人员实时报告例外并向高级管理人员总结每天的总体情况。

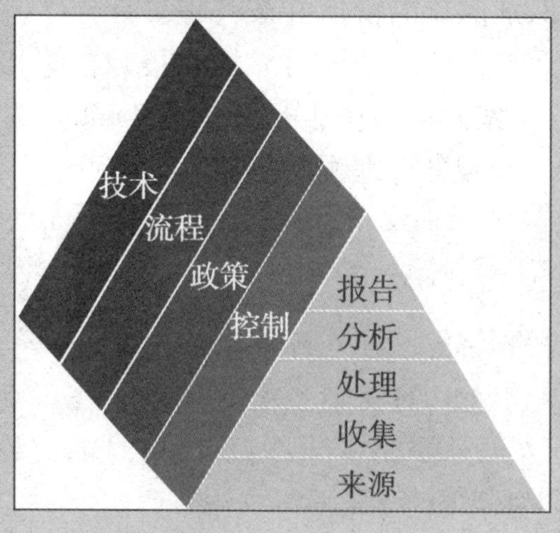

其次

- 治理——确定支持基本特征的政策、组织结构和要求。
- 政策——确定一般原则、标准和框架。
- 过程——确定用来支持基本特征的程序和标准。
- 技术——确定支持基本特征的体系结构、应用程序、数据库、安全措施和控制。

及时和在正确的地方拥有正确的信息对于实现企业风险管理至关重要。

专栏 8—10 例示了一般报告过程的信息来源和流程。四个区域中的每一个区域都收集管理过程（包括风险管理）中使用的信息。当这些不同的系统，如经营系统（区域 1）、财务报告系统（区域 2）、绩效管理系统（区域 3）、正式和非正式数据管理系统（区域 4）整合在一起时，管理人员能够实时地获得增强的风险管理报告。

许多公司使用“仪表板”风格的报告来描述企业风险管理必需的信息。这些仪表板风格的报告使管理层能快速地确定主体的风险概况（risk profile）与风险容限相一致的程度。如果发生了不一致，就表明现有的风险应对或控制没有按照要求实施，管理层可以采取纠正措施。这些仪表板风格的报告是由从专栏 8—10 中描绘的任何一个区域或所有四个区域以及公司外部获得的信息形成的。

专栏 8—11 例示了一家大型银行使用的一个风险概况（risk profile）仪表板，它使管理层既可以考虑与作为一个整体的主体相关的风险，也可以考虑与单个业务单元相关的风险。

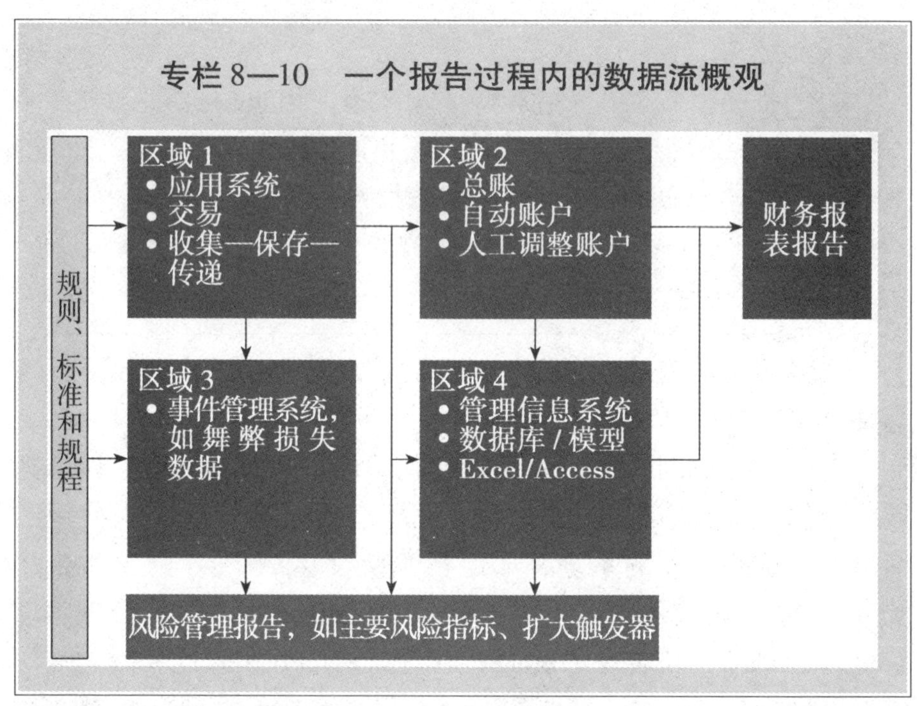
专栏 8—10 一个报告过程内的数据流概观
规则、标准和规程
区域 1
• 应用系统
• 交易
• 收集—保存—传递
区域 2
• 总账
• 自动账户
• 人工调整账户
财务报表报告
区域 3
• 事件管理系统，如舞弊损失数据
区域 4
• 管理信息系统
• 数据库 / 模型
• Excel/Access
风险管理报告，如主要风险指标、扩大触发器

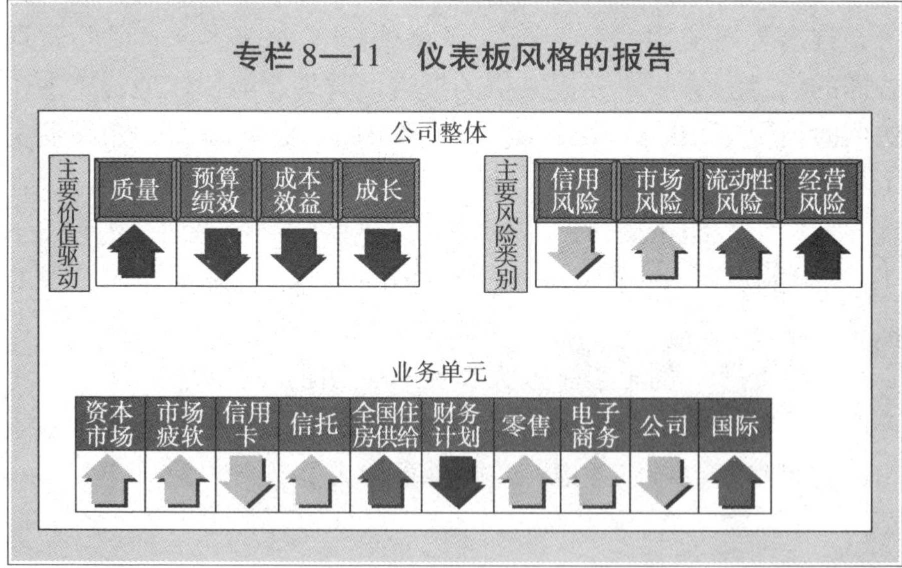
专栏 8—11 仪表板风格的报告
公司整体
主要价值驱动
质量
预算绩效
成本效益
成长
主要风险类别
信用风险
市场风险
流动性风险
经营风险
业务单元
资本市场
市场疲软
信用卡
信托
全国住房供给
财务计划
零售
电子商务
公司
国际

箭头提供了两种信息：

- 箭头方向表示由基本风险造成的预计损失在季度间的变化趋势，向下的箭头表示预期损失的变化趋势的下降，向上的箭头表示上升。
- 箭头颜色表示相对于风险容限的剩余风险，浅灰色表示预计损失确实在风险容限之内，深灰色表示预计损失接近或等于风险容限，黑色表示超过了风险容限。

以资本市场业务单元为例，向上的箭头表示预计损失逐季增加，浅灰色表示这个单元的预计损失确实保持在规定的风险容限之内。

许多这些仪表板式报告系统使用户可以“下钻（drill down）”以检查基础数据。例如，专栏 8—12 例示了同一家银行如何说明专栏 8—11 中经营风险箭头后面的详情。

专栏 8—12　经营风险的追根溯源

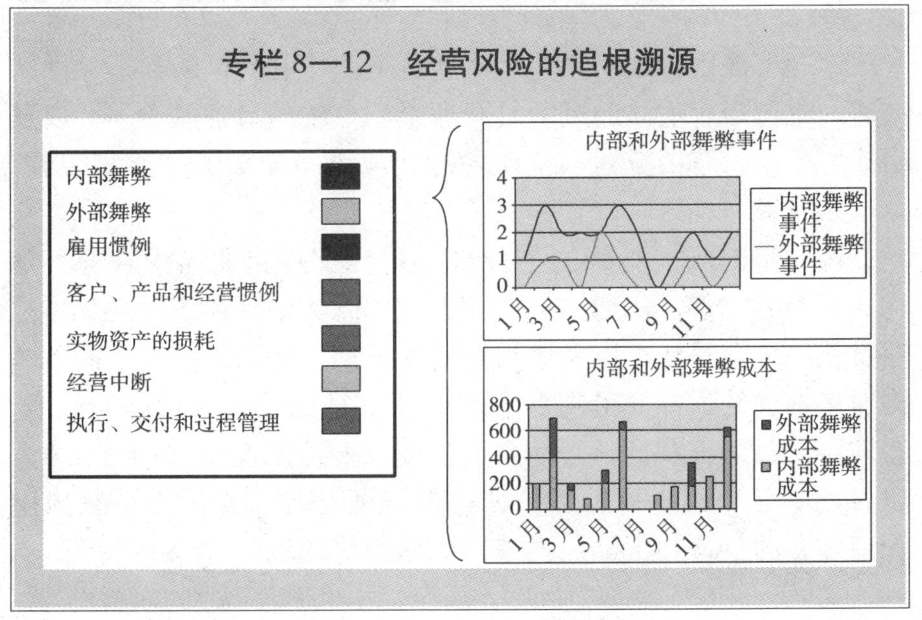

右边图中描述的数据为左边颜色编码图中的前两个条目提供说明，来自这幅图中的数据又为专栏8—1中仪表板中的主体层次的度量提供了说明，支持经营风险的度量。银行规定：如果业务单元的度量没有一个编码为黑色（也就是，没有一个超过风险容限），那么主体层次的度量就编码为浅灰色；如果一个业务单元的度量为黑色，那么主题层次的度量就编码为深灰色；如果两个或多个业务单元的度量为黑色，主题层次的度量就编码为黑色。尽管主体层次的颜色图解没有提供准确的信息，但它使管理层可以迅速地关注那些不在容限之内的风险，"追根溯源"以寻找更准确的信息，并识别可能需要采取措施的区域。

沟通

管理层提供着眼于行为期望和员工职责的具体的和指导性的沟通。它包括对主体的风险管理理念和方法的清楚的表述，以及明确的授权。有关流程和程序的沟通应该与期望的文化相协调，并支撑后者。

沟通是创造"正确的"内部环境和支持企业风险管理其他构成要素的关键。例如，把风险管理理念灌输到组织的文化中是通过就该理念是什么以及该组织的人员期望什么进行自上而下的沟通来推动的，并要得到自下而上的信息流程的支持。类似地，管理层通过语言和日常行动会加强或改变组织文化。如专栏8—13所示，一个组织采用了一种内部沟通程序，专门支持其风险管理理念的整合和帮助加强一个道德内部环境。

专栏 8—13 沟通风险管理理念

- 管理层和员工在日常情况介绍中讨论风险和相关的风险应对。
- 管理层定期在与员工的沟通中交流主体范围的风险。
- 使企业风险管理政策、标准和程序便于员工使用，并明确说明需要遵守。
- 当识别出一个新事项时，如果适当，管理层要求员工与组织里的其他人协商。
- 新员工介绍会（orientation session）包括公司风险管理理念和企业风险管理程序相关的信息和文献。
- 终身雇用的员工要求参加与组织的企业风险管理行动有关的讨论会和/或进修课程。
- 风险管理理念要采用定期和持续的内部沟通程序，通过加强公司文化信念的具体沟通程序来强化。

专栏 8—14 是一家公司的 CEO 给员工的一封信，在信中他强调了企业风险管理的重要性。

专栏 8—14 来自 CEO 的信息

我们的总体目标是使股东价值最大化。

为了达到这个目标，我们必须具有较高的风险管理能力，处理我们企业所面对的全部风险。一个结构化的、受过训练的风险管理方法会确保我们的战略成果（efforts）不会因为可避免的损失而减少，或被变化和不确定性所阻碍。此外，我们必须应用（harness）我们的能力，妥善处理在竞争日益激烈的环境里新出现的风险和机遇。

每个人在我们的企业风险管理里都要履行一份职责。这需要了解我们企业所面对的风险和机会，评价风险和采取措施有效地对保持价值和使价值最大化作出应对。

我们已经制定了一个框架文档，作为一种工具来指导我们管理我们企业的风险、不确定性和机会而作出的努力，支持组织目标的实现并使股东价值最大化。

我们希望我们的员工参与到这个框架的日常应用中来，以帮助确保我们实现我们的目标。

除了“自上而下”的信息流动以外，沟通渠道应使员工能够在业务单元、流程或职能仓（silos）范围内沟通基于风险的信息。专栏 8—15 例示了管理人员用来沟通这种信息的工具。

专栏 8—15　沟通工具

- 发送电子邮件
- 发送语音邮件
- 公司业务通讯
- 支持特定风险问题的数据库
- 来自 CEO 的信函
- 电子邮件讨论组
- 企业内部互联网站点收集企业风险管理的有关信息，以便于员工访问
- 整合到持续公司沟通中的信息
- 组织、职能或特定区域范围内的网络广播或电话会议
- 加强企业风险管理主要方面的公告或标牌
- 来自负责企业风险管理各方面的职能和业务单元的其他员工或“风险冠军”（risk champions）定期面对面的会议

- 在风险冠军和其他员工网络间的定期风险管理电话会议
- 首席风险官和相关员工定期发布的业务通讯
- “市政厅（Town-hall）”会议

一个理想的目标是把有关企业风险管理的沟通逐步嵌入到主体广泛、持续的沟通程序中，与使企业风险管理成为组织结构的组成部分的观念日渐一致。

许多组织使用技术来促进企业风险管理的持续沟通。技术，如企业内部互联网站点，可以使所有员工容易而经常地接近企业风险管理信息。专栏 8—16 例示了专门提供和便于使用的信息。

专栏 8—16　关于企业风险管理的局域网信息

- “询问任何事情”的链接
- CEO 说明主体的风险管理理念、风险容量和企业风险管理方法的基本目标的声明
- 讨论会
- 企业风险管理政策和程序
- 关于组织的企业风险管理程序经常被问到的问题
- 相关的企业风险管理报告和报告活动
- 便于得到的有关公司揭发人渠道或热线的信息和连接
- 与其他组织网站的链接，这些网站提供了诸如人力资源政策、采购、输送、卖方关系等主要职能内的风险管理信息
- 首席风险官和支持企业风险管理程序的主要员工的职责一览表与联系信息

在一些情况下，如果正常的渠道不起作用，就需要单独的沟通途径来充当自动防故障机制。

在正常的沟通渠道不起作用或不适当的情况下，许多组织建立了补充的员工沟通渠道。这些可以称为“揭发人”程序或“道德热线”的渠道可以是自愿的或法律规定的。它们的目的是提供一种便利的工具，在任何组织层次上的员工借此能够秘密地讨论或报告察觉到的或实际不合法、不道德或其他不当的行为。

专栏8—17提供了在建立一个道德热线时可能要考虑的问题。

专栏8—17　道德热线应考虑的事项

- 这样的报告机制和协议会使员工在使用这个渠道时感到舒服吗？
- 将采用什么程序来确保员工相信这个沟通渠道而不担心可能的报复？
- 这个系统将由内部管理，还是由外部第三方管理？
- 如何区分意外事件的优先次序？
- 如何确定适当的后续资源？
- 目标反应时间是多少？
- 证明文件的标准是什么？
- 应当设置怎样的监控程序？
- 技术和安全资源足以管理这个系统吗？
- 谁将执行所有必要的调查？
- 如何记录和追踪控诉？
- 如果把结论和采取的措施告知报告信息的员工？
- 需要哪种类型的总结报告？并且以何种频率报告？
- 应设置什么机制来确保采取了必要的广泛纠正措施和未来预防措施？

专栏8—18提供了一个补充报告过程的说明性的工作流程图。

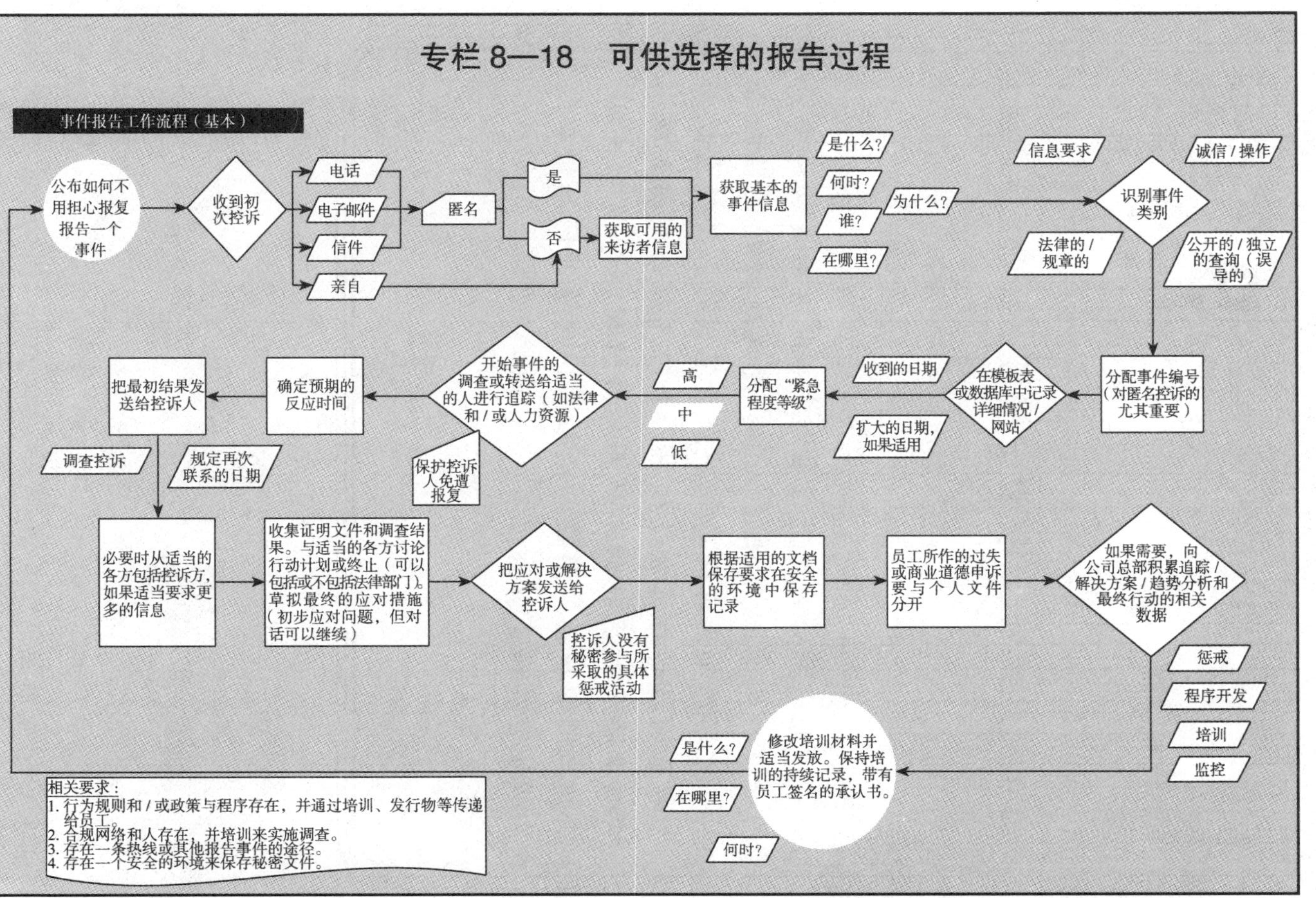
专栏 8—18 可供选择的报告过程
事件报告工作流程（基本）
公布如何不用担心报复报告一个事件
收到初次控诉
电话
电子邮件
信件
亲自
匿名
是
否
获取可用的来访者信息
获取基本的事件信息
是什么?
何时?
谁?
在哪里?
为什么?
信息要求
诚信 / 操作
识别事件类别
法律的 / 规章的
公开的 / 独立的查询（误导的）
分配事件编号（对匿名控诉的尤其重要）
在模板表或数据库中记录详细情况 / 网站
收到的日期
扩大的日期，如果适用
分配“紧急程度等级”
高
中
低
开始事件的调查或转送给适当的人进行追踪（如法律和 / 或人力资源）
保护控诉人免遭报复
确定预期的反应时间
把最初结果发送给控诉人
调查控诉
规定再次联系的日期
必要时从适当的各方包括控诉方，如果适当要求更多的信息
收集证明文件和调查结果。与适当的各方讨论行动计划或终止（可以包括或不包括法律部门）。草拟最终的应对措施（初步应对问题，但对话可以继续）
把应对或解决方案发送给控诉人
控诉人没有秘密参与所采取的具体惩戒活动
根据适用的文档保存要求在安全的环境中保存记录
员工所作的过失或商业道德申诉要与个人文件分开
如果需要，向公司总部积累追踪 / 解决方案 / 趋势分析和最终行动的相关数据
惩戒
程序开发
培训
监控
修改培训材料并适当发放。保持培训的持续记录，带有员工签名的承认书。
是什么?
在哪里?
何时?
相关要求：
1. 行为规则和 / 或政策与程序存在，并通过培训、发行物等传递给员工。
2. 合规网络和人存在，并培训来实施调查。
3. 存在一条热线或其他报告事件的途径。
4. 存在一个安全的环境来保存秘密文件。

9 监控

框架章摘要

对企业风险管理进行监控——随时对其构成要素的存在和运行进行评估。这些是通过持续的监控活动、专门评价或者两者相结合来完成的。持续监控发生在管理活动的正常进程中。专门评价的范围和频率主要取决于对风险的评估和持续监控程序的有效性。企业风险管理的缺陷被向上报告，严重的问题报告给高级管理层和董事会。

本章举例说明了在持续监控和专门评价过程中使用的一些技术，并提供了一个报告缺陷的方法、工具、文档和考虑事项的综述。除了这里例示的技术，读者可以参考在《内部控制——整合框架》里提出的一些评价工具，这些工具可以作为企业风险管理专门评价的一个有用的参考。

持续监控活动

在正常企业经营过程中执行的许多不同的活动用来监控企业风险管理构成要素的有效性。这些活动包括在执行正常经营活动中对信息的日常审查，如专栏9—1所示。

专栏9—1 持续监控活动的例子

- 管理层审查主要经营活动指标的报告，如新的销售或现金状况的快报，有关未交付订货（backlog）、毛利的信息和其他主要的财务与经营统计数据。
- 经营管理人员把产量、存货、质量测量、销售和其他从日常活动中获得的信息与系统产生的信息以及预算或计划进行比较。
- 管理层根据已制定的风险敞口范围审查绩效，如可接受的错误率、悬而未决的项目、调整的项目、外汇敞口余额或来自订约方的风险。
- 管理人员审查通过扩大触发器报告的交易。
- 管理人员审查主要的绩效指标，如风险方向和大小的趋势、战略和战术行动的状态、实际结果相对于预算或前期的趋势和变化，以及在“事项识别”那一章描述的事件触发器。

专门评价

尽管持续监控程序通常能提供有关企业风险管理的其他构成要素的有效性的重要反馈，但是有时候采取一种新的思路直接关注企业风险管理的有效性可能是很有用的。它也能提供一个考察持续监控程序的持续有效性的机会。

企业风险管理的专门评价通常要定期实施。在一些情况下，它们是由战略、主要流程或主体结构方面的变化引起的。专门评价是由管理人员、内部审计职能、外部专家或他们联合实施的。

专门评价有时是广泛的，范围包括主体全部和所有的企业风险管理构成要素。在有些情况下，专门评价限于与其他长期处理的业务领域一起的一个特定业务单元、流程或部门。专栏 9—2 描述了一个生产商如何设计其新库存控制系统的一个评价过程。

专栏 9—2　一个新流程的专门评价

一家大型制造公司的管理层为其企业资源计划（ERP）系统安装了新模块，以提高其全球供应链流程。目标包括降低库存成本、提高追踪能力和提供更多有关存货可用性的信息。假定系统实现顾客服务目标的极端重要性以及该流程的变动范围，就可以确定，在上线部署（go-live）后的四个月内？每个月对该流程实施一次专门评价，而且在其后的两年内每六个月实施一次专门评价。

专门评价由来自信息技术职能、内部审计职能的人员和外部咨询人员组成的小组来执行。第一次评价集中在：

- 系统变化控制。
- 组织变动准备。
- 安全。
- 数据质量。
- 与遗留系统的接口。

随后的评价致力于处理的准确性和完整性，包括传输和移交、相关控制活动、更改接近与控制、人工界面以及信息输出的使用和有效性。

内部审计审核

内部审计职能通常提供对一个业务单元、流程或部门的风险与控制活动的评估。这些评估提供了一个关于企业风险管理任何一个或所有构成要素（从公司的内部环境到监控）的客观视角。在一些情况下，要特别关注风险识别、可能性和影响的分析、风险应对、控制活动以及信息与沟通。内部审计根据其对企业的了解可以考虑新的公司活动和环境会如何影响企业风险管理的应用，并在其对相关信息的复核和测试中进行考虑。更多信息可以从内部审计师实务咨询委员会（The Institute of Internal Auditors' Practice Advisories）获得，它制定了评价和报告风险管理有效性的指南。

评价过程

评价企业风险管理是在它自身之中的一个过程。尽管方法或技术各不相同，但是应该利用其中固有的特定基础，把一套规程引入这个过程之中。

一个规范的过程为评价提供了一个可靠的基础。对许多方法和技术中任何一种的使用，一般取决于公司的环境以及要实施的评价的性质和范围。专栏 9—3 例示了一家公司的基本方法。

专栏 9—3　专门评价中的步骤

计划

- 规定评价的目标和范围
- 确定一个具有管理该评价所需权力的主管人员
- 确定评价小组、辅助人员和主要业务单元联系人
- 规定评价方法、时间路线（timeline）和实施步骤
- 就评价计划达成一致意见

执行

- 获得对业务单元或业务流程活动的了解
- 了解单元或流程的风险管理过程是如何设计运作的
- 应用一致同意的方法来评价风险管理过程
- 通过与公司内部审计标准的比较来分析结果，并在必要时采取后续措施
- 如果适用的话，记录缺陷和被提议的纠正措施
- 与适当人员复核和验证调查结果

报告和纠正措施

- 与业务单元或过程以及其他适当的管理人员复核结果
- 从单元或业务过程的管理人员处获得说明和纠正计划
- 把管理反馈写入最终的评价报告

方法

有一系列评价方法和工具可供利用，包括核对清单、调查问卷和流程图技术。

评价者确定支持评价过程所需要的方法和工具。存在许多成形的方法和工具可以用来记录和评价企业风险管理的具体方面。

选择评价方法和工具的因素包括它们能否易于被指派的员工使用，是否与给定的范围相关以及是否与评价的性质和预期频率相适应。例如，如果该范围涉及了解和记录业务过程设计与实际执行之间的差异，评价小组要复核或规划过程流程图和控制矩阵；反之，一个范围仅限于处理具体规定的控制活动是否存在，就表明可以使用预先制定的调查问卷。专栏 9—4 列示了单独或与其他人一起使用的工具。

专栏 9—4 方法和工具

- 过程流程图
- 风险与控制矩阵
- 风险与控制参考手册
- 使用内部、行业或同行的信息确定基准
- 计算机辅助审计技术
- 风险与控制自我评价讨论会
- 调查问卷
- 推进式研讨（facilitated sessions）

专栏 9—5 摘录了一个工薪过程风险与控制自我评价的调查问卷，它充当了一个诊断参考点，关注与工薪处理风险有关的控制实际被应用的程度。这个结果构成了必要纠正措施的依据。

专栏 9—5 风险与控制自我评价调查问卷摘录

工薪问题	调查问卷回答选项					政策参考
1. 我的部门复核预算部门编制的预算总结	是	否	不知道	不详	不详	1 号工薪政策

续表

工薪问题	调查问卷回答选项					政策参考
2. 我的部门监控从你的预算中支付工资的员工数量	是	不是	不知道	不详	不详	2号工薪政策
3. 我的部门复核邮寄给我们部门的月度薪酬报告	从来没有	很少	经常	总是	不详	3号工薪政策
4. 在复核工薪报告时，你认为每个人超额付薪的工时是多少时才是极端高以至于会详细复核以确定根本原因	10~20	20~30	30~40	大于40	不知道	没有工薪政策

调查结果总结

1. 95%的被调查者复核预算部门编制的预算报告

2. 93%的被调查者复核从他们的预算中支付工资的人数

3. 70%的人总是复核工薪报告，18%的经常这样做，12%的很少复核这些报告

4. 参见右边的图

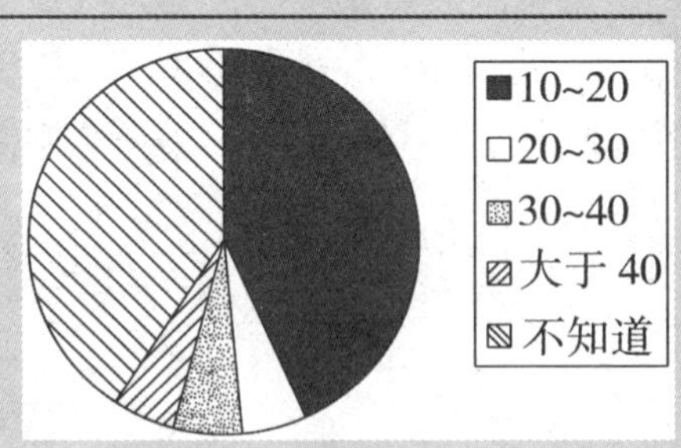

文档

一个主体的企业风险管理文档的范围因主体的规模、复杂性

和类似因素而异。

企业风险管理文档的期望水平因公司而异，通常取决于公司的规模、复杂性和管理风格。除了文档的规范和深度以外，考虑的因素还包括它将是书面的还是电子的，是集中的还是分散的以及更新和复核的进入方法。

在评价企业风险管理的过程中，过程和其他活动现有的文档要进行复核或创建，以使得评价小组便于了解单元、流程或部门的风险和应对。在评价中要考虑的文档包括：

- 组织结构图；
- 主要职责、权限和责任的描述；
- 政策手册；
- 经营程序；
- 过程的流程图；
- 有关控制和相应职责；
- 主要绩效指标；
- 主要的已识别风险；
- 主要的风险度量。

这样的文档可以为开发包括测试在内的复核过程提供一个依据，以确定那些声称已建立的过程和相关政策与程序是否适合处理主体的风险并被遵守。

至于评价过程自身要形成什么文档，评价小组可以考虑期望文档实现以下目标的程度：

- 提供评价小组评估和测试的一个“审计轨迹”；
- 沟通评价的结果——调查结果、结论和建议；
- 便于监督人员的复核；
- 便于以后期间的评价；
- 识别和报告更广泛的问题；
- 在评价过程中识别个人职责和责任；

- 补充现有企业风险管理文档的不足。

报告缺陷

所有已经识别的影响一个主体制定和执行其战略、设定和实现其目标的能力的企业风险管理缺陷，都必须报告给那些被安排来采取必要措施的人。

至于向谁报告缺陷，一些公司已经制定出了一些指导方针，如专栏9—6所示。

专栏9—6 例示性的缺陷报告指南

- 把缺陷报告给那些直接负责实现受这些缺陷影响的经营目标的人
- 把缺陷报告给直接负责这些活动的人以及至少高一级的一个人
- 存在报告敏感信息（如非法或不当行为）的备选报告渠道
- 特定类型的缺陷要报告给更高级的管理者
- 针对向董事会或特定的董事会委员会报告的内容制定规程
- 把已采取的或将要采取的纠正措施的信息反馈给参与报告过程的相关人员

另一家公司为确定哪些缺陷要报告给高级管理层（而且根据其重要性，报告给董事会）制定了标准，如专栏9—7所示。

专栏 9—7　向高级管理层报告的例示性标准

当一个事件发生的可能性不可忽略，而且其影响会引发以下结果时，要报告缺陷：

- 对员工或其他人的安全产生不利影响。
- 非法或不当行为。
- 资产的重大损失。
- 没有实现主要目标。
- 对主体的声誉有消极影响。
- 不当的对外报告。

10 职能与责任

框架章摘要

一个主体中的每个人都对企业风险管理负有一定的责任。首席执行官负有最终的责任，并且应当假设其拥有所有权。其他管理人员支持风险管理理念，促使符合其风险容量，并在各自的责任范围内根据风险容限去管理风险。其他人员负责按照既定的指引和规程来实施企业风险管理。董事会提供对企业风险管理提供重要的监督。诸多外部方面常常提供实现企业风险管理有用的信息，但是他们对主体企业风险管理的有效性并不承担责任。

本章例示了分配企业风险管理职能和责任的组织方法，并对董事会、首席执行官、首席风险官、业务单元管理层以及内部审计的职责和责任提供了指导，也对相关董事会和管理委员会提供了指导。

企业风险管理如何实施的一个规定性特征是职责和责任明确定义的程度，以及它们是在集中的基础上还是在分散的基础上分配。尽管如何分配因主体不同而差别很大，但是可以观察到一些共性。专栏 10—1 描绘了三种方法，每一种方法中监控集中或分散于识别、评估、应对和报告风险的程度不同。

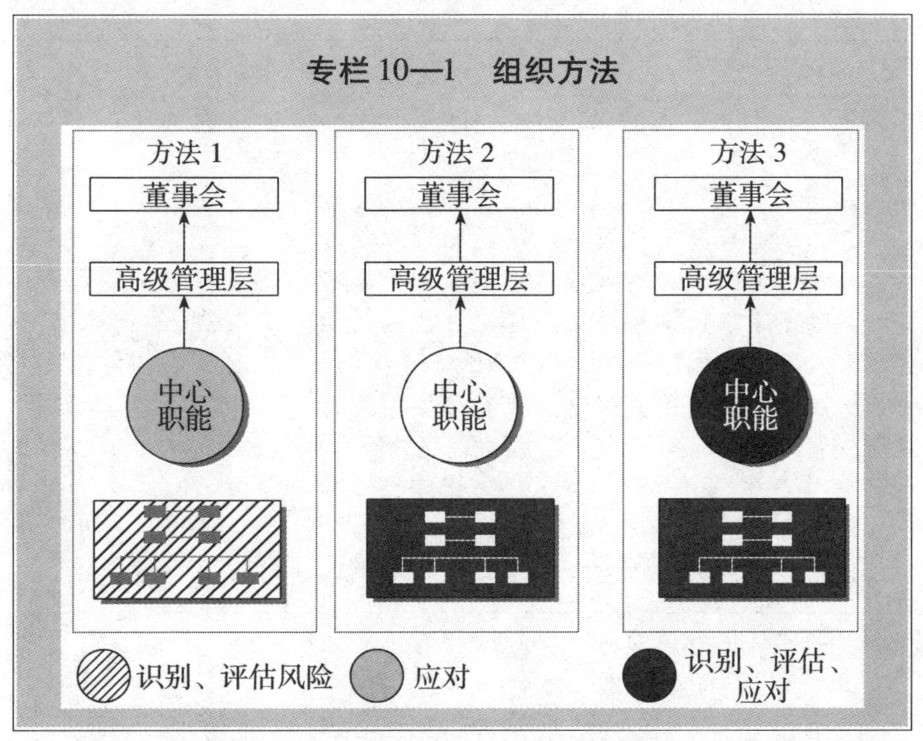

专栏 10—1　组织方法

方法 1 描绘了这样一种模式，在这种模式中，事项识别和风险评估发生在业务范围或部门管理中，但中心负责确定风险应对和相关控制活动，而且中心也向上报告风险。这种方法对规模较小的主体来说是有效的，因为在规模较小的主体里，中心管理层对业务活动有清晰的了解，并且主要决策权保留在中心。方法 2 描绘了这样一种模式，在这种模式中，事项识别、风险评估、风险应对、控制活动和报告主要是业务范围内的职责。中心参与对过程的监控，而且也可以在报告方面发挥广泛的作用。方法 3 是方法 2 的一个变种，它说明某些风险可以在中心处理，例如，主体范围内的商品或外汇价格变动风险要在主体层次上追踪和管理。专栏 10—2 描述了每种方法的好处和问题。

专栏 10—2　组织流程的好处和问题

方法		
1	2	3
好处		
• 由那些离新出现问题最近的人进行有效的事项识别和风险评估 • 风险应对由更高层管理者决定	• 离新出现问题最近的经理有风险应对和控制活动的所有权 • 具有产生更完整管理信息的能力 • 提高管理风险活动的能力	• 更重大的风险由更高层的管理者处理 • 便于在主体范围的基础上管理风险
问题		
• 风险评估和风险应对之间可能是脱离的 • 在风险应对中的风险接受者缺少所有权	• 风险管理不一致的可能性（但是这种可能性可以通过有效的中心支持或监控职能来降低）	• 需要各个业务单元之间有效的沟通和协作

许多公司发现，当它们扩大规模和复杂性时，它们可以把许多（如果不是全部）责任推向业务范围和功能支持单元，从而最有效地应用企业风险管理原则和要求。同时，支持基础结构的小型中心处理更普遍、主体范围的风险。

董事会

董事会对企业风险管理提供监督。

董事会在企业风险管理的监督中起关键作用。应当及时把最重要的风险、管理层的评估以及其计划的应对措施通知董事会。重要的是，以下事项应使董事会感到安慰：设置了适当的过程、管理层在识别、评估和应对风险并把相关信息带到董事会层次。

专栏10—3例示了董事在履行监督职责时要问的问题的类型。

专栏10—3　董事会提出的关于企业风险管理的问题

- 我们收到了哪些有关组织所面临风险的信息来履行我们的受托责任和劝告的治理责任？
- 高级管理层何时和以何种方式向我们报告风险信息？
- 我们如何确信我们收到的关于风险和风险管理的信息对我们来说是准确和完整的？
- 我们已经有效地把我们关于公司风险管理过程的期望传达给高级管理层了吗？而且，他们对这些期望（包括我们希望收到什么样的信息）有清晰的认识吗？
- 我们如何确保组织在按照既定的风险容限范围和总体风险容量运行？

- 作为董事会，我们如何帮助建立会增强组织的价值观和促进“风险意识文化”的正确“高层基调”？
- 作为董事会我们是否有效地履行了我们监督风险管理的职责？

董事会可以选择把企业风险管理特定方面的职能和责任委托给一个或多个董事会委员会，以有助于确保清晰地集中关注特定的风险领域。

审计委员会

把企业风险管理的监督职责分配给审计委员会并不罕见。在很多情况下，人们认为由于审计委员会关注财务报告的内部控制而且也许更广泛地关注内部控制，它已经有足够的能力扩大其监督企业风险管理的责任。一些观察家指出，某些监管准则为把责任配置给审计委员会提供了支持。专栏10—4是纽约证券交易所规则的一个摘录。

专栏10—4　审计委员会作用

《纽约证券交易公司治理规则》规定，上市公司的审计委员会应有一个提出委员会职能和责任的书面章程，它必须包括讨论与风险评估和风险管理有关的政策。该规则的注释指出：

虽然评估和管理公司风险是首席执行官和高级管理层的工作，但是审计委员会必须讨论支配这个问题处理过程的方针和政策。审计委员会应当讨论公司的主要财务风险敞口以及管理层已经采取的监督和控制这些风险的措施。审计委员会无需成为负责风险评估和管理的唯一部门，但是，如上所

述，审计委员会必须讨论支配这一过程的方针和政策，通过这一过程风险评估和管理得到了承担。许多公司，尤其是财务公司，是通过一些机制而不是审计委员会来管理和评估它们的风险。这些公司制定的这种过程一般意义上应当得到审计委员会的审查，但是它们不需被审计委员会替代。

风险委员会

纽约证券交易所的规则注释表明，一些公司把董事会层次的风险管理监督职能分配给了审计委员会以外的部门，并且，一些公司甚至已经确定，把非财务领域（如经营、合规）主体范围的风险监督职能分配给审计委员会超越了审计委员会预定的权力和可用资源。一些董事会已经设立了一个风险委员会直接关注企业风险管理。专栏 10—5 描述了一家公司董事会的风险委员会。在这个案例中，管理层的高级成员参加委员会的会议，而且，该委员会的职责表明，它和管理层共同处理这样一些问题，如制定和改进企业风险容限和风险容量。

专栏 10—5　风险委员会说明

目标

董事会（通过风险委员会实施）认识到，其职责是确保一个综合风险管理系统（它包括政策、程序、方法以及识别、评估和管理风险的能力）运行正常以帮助高级管理层在快速变化的环境中管理成长。

在这点上，风险委员会的具体目标包括确保以下内容：

- 管理层理解并接受其识别、评估和管理风险的职责。
- 高级管理层和业务单元管理层从战略上关注企业范围的

风险战略。

- 为各项业务提供了主要的工具和程序以便于完成它们的风险管理职责。
- 业务单元的风险评估得到了定期和完全的执行。
- 业务单元的风险抑减活动在以下方面是成功的：
  ——保护资产；
  ——保持适当的环境、健康和安全标准；
  ——履行了法律和规章的责任；
  ——通过关注股东需求加强了组织的价值观。
- 保持正确的会计记录，采用了适当的会计政策，财务信息完整、准确。
- 配置了有效的风险抑减或控制测试程序，而且评价了结果并据以采取措施。

职能

风险委员会的职能包括以下内容：

- 监督年度企业风险战略分析的开展与参与。
- 制定和完善企业范围的风险容量/容限。
- 向首席风险官和全球风险领导者提供指导和监督。
- 评价重大风险敞口并向董事会报告。
- 评价企业风险敞口报告。
- 评价企业风险趋势报告并确保公司的战略对提出的问题做出了应对。
- 监督内部审计小组的职能和责任。
- 审核半年度和年度合并账目。

重要性和焦点

风险委员会承担的任务是，确保识别、评估和管理风险的能力相对于组织增长的风险容量来说继续发展。为此，风险委员会应主要关注企业风险管理的有效性。

风险委员会应当审核该委员会和首席风险官一致认为重大的那些风险。重要性考虑既要依据该组织股东的当前财务风险，又要依据该组织股东长期的重要财务风险。

风险委员会的目标是鼓励管理层更广泛地对风险进行思考，这样就可以把更多的关注用于沿着他们风险管理的愿景持续地发展组织的能力。

结构和成员资格

- 委员会的成员要由董事会决议任命
- 委员会应由四位非执行董事组成，其中一位要任命为委员会主席

会议

- 每季度要在董事会会议之前举行会议
- 首席法律顾问和秘书要参加所有的委员会会议并担任委员会秘书。首席风险官和首席财务官也要参加所有的委员会会议
- 会议的报告要提交给每次委员会会议后的下一次董事会会议

管理层

管理层直接对一个主体的所有活动负责，包括企业风险管理。

首席执行官

首席执行官的责任包括恰当地建立企业风险管理的所有构成要素。

首席执行官对企业风险管理负有最终责任。首席执行官一般是通过向高级管理层提供领导和指引以及制定能够反应企业风险管理理念和风险容量的广泛政策来履行这些职责。

许多首席执行官已经确定一名高级主管在首席执行官的支持下向组织提供企业风险管理实施方面的指导。一些首席执行官已经设立了一个委员会来提供这种指导。正被越来越多的公司采用的另一种方式是设立一个首席风险官，由他来向实施企业风险管理的生产线管理人员提供指令、指导和支持并进行监控。

企业风险管理执行委员会

在一些大型公司里，首席执行官已经设立了一个由高级主管组成的企业风险管理委员会，它由一部分高级管理层构成，包括诸如首席财务官、首席审计官、首席信息官以及其他人员等职能管理人员。

这个委员会的职能和责任包括如下事项：

- 企业风险管理过程的全部职责，包括用来识别、评估、应对及报告风险的过程；
- 规定执行层和高级管理层的任务、职责和责任；
- 向业务单元提供识别、评估和管理风险的政策、框架、方法和工具；
- 审核公司的风险概况；
- 根据风险容限审核绩效度量，并在适当时提出改正措施；
- 向首席执行官和董事会传递风险管理过程的信息。

来自一个实例章程的一段摘录概述了企业风险管理委员会的职责，如专栏 10—6 所示。

专栏 10—6 企业风险管理委员会章程

企业风险管理委员会确定公司的目标、风险容量和总计风险容限水平。它监督业务单元管理者识别和评估风险的过程并确定适当的应对措施。它处理企业整体的风险，并为那些风险制定绩效度量目标和主要风险指标。它负责资本配置、资本计划以及风险资本配置与撤销（overrides）。委员会也对照计划审核资金的使用和实际的风险管理绩效。

首席风险官

一些公司建立了一个集中化的协调点来推动企业风险管理。一名风险官员——指的是一些组织中的首席风险官或风险管理人员——与其他管理人员一道致力于在他们的职责范围里建立有效的企业风险管理。

有首席风险官（CRO）职位的公司趋向于成为较大型和较复杂的企业。产生这样一个职位的替代方法是把这项职能赋予一个高级官员，如首席财务官、首席法律顾问或首席合规官。有些最初选择了这个替代方法的公司后来发现有效应对风险的幅度和范围需要更多的时间和精力，而这些高级官员没有这么多的时间和精力。这些公司从而转向采用设立一个 CRO 的方法。

许多公司已经认为成功的一个 CRO 模式是从清晰地确定风险官的职能和责任开始的。尽管有些公司把有效风险管理的直接责任分配给 CRO，但是，许多其他公司已经发现，把风险管理职责提供给生产线和职能单元的领导者而由 CRO 肩负重要的指导、支持和监控职责是成功的。经验表明，成功既取决于必要的资源，也取决于在组织内地位适当高的 CRO。有些公司在各子公司、业务单元和部门内提供 CRO 人员，以确保 CRO 人员支持接近主体的经营活动。

专栏10—7例示了一家公司的CRO工作描述，它概括了CRO的主要职责。

专栏10—7 首席风险官的工作描述

报告给

主席——董事会的风险委员会和CEO

直接报告

- 全球风险领导者，小组风险专家（与风险事项有关的）
- 业务单元风险联络人，内部审计部门

职责

- 使董事会风险委员会能够履行其章程中规定的职责
- 按照公司的风险管理愿景沟通和管理企业风险管理的建立和持续维持
- 确保业务单元首席执行官具有适当的风险管理权和地区/经营董事会进行有效监督
- 确认企业风险管理正在每个业务单元发挥职能，而且正在及时识别和有效管理所有的重大风险
- 与风险委员会沟通有关企业风险管理的状况
- 把企业风险管理模式推荐给CEO和业务单元领导，并协助将其融入他们的经营计划和持续报告
- 确保风险管理能力在所有业务单元和企业（包括新的收购和合资经营投资）的发展和维持

特定活动

- 开发报告主要风险的综合程序
- 定期视察业务单元并与高级主管会面，以鼓励把风险管理嵌入企业文化和日常活动中

- 建立一个标准的风险信息模型和自动化的程序，并确保可用于整个组织
- 保持对企业风险管理成本——收益的关注
- 确保员工受到了风险管理教育。传递知识和信息、通常有助于有效的风险管理并帮助维持适当的风险文化
- 与业务单元领导合作，确保经营计划和预算包括风险识别和管理
- 与业务单元合作以确保监督和报告，以保证遵守组织的规则和报告最重大的风险
- 向风险委员会报告以下相关事项：
  ——企业风险管理的进展和实施
  ——已识别出的重大和重要风险敞口以及对组织的建议
  ——包括分析和建议在内的综合企业风险管理计划

职业特征

- 企业风险管理的基础
- 有能力清晰地表明掌握了组织企业风险管理基础结构的宗旨
- 创造性的、“思维不合常规（out of the box）”的思想家
- 全球不同文化的经验
- 良好的领导气质（executive presence）
- 杰出的人际沟通能力
- 能够从董事会和业务单位求得尊重
- 高级管理者的经验，例如，负责一大群人的管理小组的成员或首席财务官或首席运营官（COO）
- 优秀的表达能力，发音清晰
- 优良的促进能力（facilitation competencies）
- 大型项目管理的经验

- 很强的分析能力
- 非凡的问题解决技巧

一家财务服务公司首席风险官的工作描述（有点更多地关注了经营方面）如专栏 10—8 所示。

专栏 10—8 财务服务公司首席风险官的工作描述

职责

- 确定公司的风险极限（limits）
- 批准风险承担权限、资本调配并根据业务单元的相应内容限制设定（set）：
  ——绝对的和风险调整的绩效
  ——风险概况（risk profile）和战略
  ——收益质量/一致性
  ——资本使用效率
  ——收益或损失的分散化
  ——管理层的可靠性和能力
- 制定并保持公司的风险管理规则，如以下内容的规则：
  ——业务单元政策和限度（limit）框架
  ——公司风险数据的要求
  ——向业务经理、高级管理层和董事会报告
  ——评价和风险度量方法
- 审核并通过政策免责事项
- 建立风险报告框架，包括一致的风险调整盈利能力度量、分析和决策工具
- 总计并分析业务范围内的一般风险因素（如压力测试或情景分析）

- 对风险概况（risk profile）和变化的驱动因素实施宏观评价
- 支持对利益相关者关系的管理

需要的技能

- 具有担任 CEO、CFO 和 COO 的顾问及合作者的能力
- 全面的行业经验
- 与企业领导者、监管者和其他利益相关者进行沟通所必需的诚信和信誉
- 全面的风险管理经验，极好地掌握了市场风险、信用风险和经营风险问题
- 优秀的管理技能，能够激励和领导一个具有不同背景专业人员的多样化团队
- 优秀的口头沟通能力，能够与董事会成员和企业领导者互动（interact）
- 灵敏的思想家，具有优雅的表达能力，能够与诸如监管者、投资者和金融新闻界（financial press）等外部利益相关者进行沟通
- 裁定或裁决业务单元对公司资本（财务和人力）的需求所必需的强而有效的谈判技巧
- 战略思考者，能够引领（navigate）迅速变化的技术和竞争环境
- 贷款或信贷核准方面非常优良的第一手经验
- 有效制定实现战略目标所需政策的能力

管理层

掌管组织单元的高级经理有责任管理与其单元的目标相关的风险。

直线式业务单元、业务过程和职能的领导负责识别、评估和应对与实现单元目标有关的风险。他们确保所采用的程序与主体的企业风险管理政策一致，而且他们单元的活动在设定的风险容限水平之内。

在有些公司里，这些领导者的工作描述不但明确地概述他们的企业风险管理职责，也概述了相关的绩效度量。业务单元领导向首席风险官和/或另一个主管人员报告进展和结果。

业务单元领导者必然会把特定业务单元企业风险管理活动的职责委派给他们单元的管理人员，让他们负有处理以下类似事项的职责：

- 遵守企业风险管理政策并开发适合业务单元活动的技术；
- 应用企业风险管理技术和方法确保适当地识别、评估、应对、报告和监控风险；
- 确保风险的日常管理；
- 向业务单元领导提供有关业务活动中风险的性质和范围的完整而准确的报告。

和单元领导一样，有些公司员工的工作描述概述了他们的企业风险管理职责以及相关的绩效度量。

内部审计师

在许多公司，内部审计师通过客观地监控企业风险管理的应用和有效性，在企业风险管理持续发挥作用的过程中起着重要作用。为了提供对整个或部分企业风险管理过程的客观评估，内部审计师可以实施检查。通过这种职责（in this role），内部审计师可以通过对以下内容提供保证来支持管理层：

- 企业风险管理过程——设计和职能；
- 风险应对和相关控制活动的效果和效率；

- 企业风险管理报告的完整性和准确性。

内部审计师有时担任顾问的角色，此时他们是为了促进组织的企业风险管理过程的改善。通过这种能力（in this capacity），内部审计师可以（连同其他活动）促进对企业风险管理一般了解的发展，指导管理层的企业风险管理观念，推动风险基础的讨论会，以及提供工具和技术来帮助管理人员分析风险和设计控制活动。

致谢

COSO委员会、咨询理事会和普华永道公司衷心感谢给予时间和精力对应用技术的各个方面进行参与和作出贡献的许多人员。还需要认可的是在应用技术形成的整个过程中回复调查问卷、参与研讨和会议以及提供评论和反馈的COSO组织和它们的成员。

下列普华永道的合伙人和职员为这些应用技术提供了大量的信息：Dick Anderson、Jeffrey Boyle、Glenn Brady、Michael Bridge、John Bromfield、Gary Chamblee、Nicholas Chipman、John Copley、Michael de Crespigny、Stephen Delvecchio、Carlo di Florio 、Scott Dillman、P. Gregory Garrison、Bruno Gasser、Suzanne Holifield、Susan Kenney、Brian Kinman、Robert Lamoureux、James LaTorre、Mike Maali、Jorge Manoel、Cathy McKeon、Juan Pujadas、Richard Reynolds、Sonny Sonnenstein、Mark Stephen、Robert Sullivan、Jeffrey Thompson、John Tomac 和 Shyam Venkat。还要感谢 Myra Cleary 提供的编辑指导。

为这个文件作出了重要贡献的还有：Kathleen H. J. Leibfried（花旗集团私人银行高级全球运营风险主任）。